Klaus Oberbeil

Rezepte für mehr Vitalität

Sprossen, Keime, Kerne

Die natürliche Frischzellenkur für Gesundheit und Wohlbefinden.
Mit Sprossen die natürliche Alterung verlangsamen

Südwest

Inhalt

Die Mungbohne gilt als die Königin unter den Sprossenzüchtern.

Um Sprossen zu züchten bedarf es keiner komplizierter Geräte.

Tomaten lassen sich mit köstlichen Sprossen-mischungen füllen.

Aromatisch – Sprossen in Backwaren.

Gesünder geht es fast nicht mehr. Sprossen und Keimlinge sind nicht einfach nur gekeimter Samen. Wertvolle Inhaltsstoffe nehmen während des Keimprozesses zum Teil sehr stark zu gegenüber dem Ausgangsprodukt.

Wenn ein Pflanzensamen zu keimen beginnt, werden in seinen Zellen Billiarden von Enzymen aktiviert, die unglaublich schnell Eiweiß, Kohlenhydrate, Fett und Vitamine herstellen. Von diesen wertvollen Biostoffen profitieren auch wir.

Keime und Sprossen – Wunder der Natur

Haben Sie schon einmal beobachtet, wie ein Pflanzenkorn zu keimen beginnt? Wie sich innerhalb weniger Stunden neues Leben aus einer Erbse, einem Rettichkeimling oder einem Alfalfasamen entwickelt und sich ein zarter gelbgrüner Spross kraftvoll seinen Weg ins Freie bahnt?

Am glücklichsten sind Pflanzen, wenn sie blühen, sagen Biologen; und am kräftigsten, wenn sie keimen und sprießen, denn dann saugen sie heißhungrig Sonnenstrahlen, Wasser und Nährstoffe auf, um sie in Proteine und andere Bausteine des Lebens umzuwandeln. Wenn etwa eine kleine Bohne zu keimen beginnt, werden in ihren Zellen Billiarden von Enzymen aktiv, die in einem unglaublichen Tempo Eiweiß, Kohlenhydrate, Fettmoleküle und Vitamine herstellen. Sie garantieren, dass der Keim möglichst schnell wächst und dadurch eventuelle Konkurrenten im Kampf um den Lebensraum verdrängt.

Wertvolle Biostoffe

Auf diese Weise entsteht über Nacht aus ruhenden, scheinbar leblosen Kernen oder Samen eine Kombination kostbarster Biosubstanzen, die Keime und Sprossen zu echten »Gesundheitsbomben« machen – nie wieder erreichen Pflanzen eine solche Nährstoffdichte wie im Stadium ihres Keimens. Bereits ein bis zwei Tassen Mungbohnensprossen decken den täglichen Vitamin- und Mineralstoffbedarf eines Erwachsenen, und sechs bis acht Tassen Linsensprossen reichen aus, um seinen kompletten Eiweißbedarf zu sichern.

Darüber hinaus sind die in den Sprossen und Keimen enthaltenen Vitamine noch besser für den Stoffwechsel verwertbar als

4

die Vitamine in den »erwachsenen« Pflanzen. So ist etwa das in Sprossen enthaltene Vitamin E rund zwanzigmal wirksamer als synthetisch hergestelltes Vitamin E und noch rund fünfmal besser verwertbar als beispielsweise das in Pflanzenölen enthaltene Vitamin E. Außerdem liefern Keime und Sprossen die jungen Enzyme gleich mit, die der Darm benötigt, um den Nahrungsbrei für den Körper verwertbar zu machen.

Natürliche Medikamente

Durch ihre Nährstoffe und Bioflavonoide sind Sprossen und Keime außerdem hochwirksame natürliche »Medikamente«, die bei einer Reihe von Beschwerden oder sogar ernsten Erkrankungen zur Aktivierung des gesamten Stoffwechsels eingesetzt werden können. Nicht umsonst suchen Tiere in freier Natur vor allem nach Keimen und Sprossen, sobald sie krank sind oder wenn sie zur Paarungszeit frische Kräfte benötigen. Und auch die Chinesen wussten schon vor mehr als 5 000 Jahren um die Heilkraft von Keimen und Sprossen, mit denen sie unterschiedliche Beschwerden heilten. Wozu also noch in der Apotheke kaufen, was uns die Natur fast zum Nulltarif in weit überlegener Qualität liefert?

Ihr Reichtum an Nukleinsäuren, den Bausteinen der Zellkerne, macht Sprossen und Keime nicht zuletzt zur besten natürlichen Verjüngungskur, denn sie regenerieren unsere Zellen, sorgen für neues Zellwachstum und bringen so den Stoffwechsel in Schwung. Außerdem kräftigen sie das Immunsystem und tragen auf diese Weise dazu bei, dass Viren, Bakterien, freie Radikale und andere Krankheitserreger keine Chance haben.

Und last not least: Frisch geerntete Sprossen schmecken ausgezeichnet und veredeln Salate, Vorspeisen, Rohkostteller, Suppen, Hauptgerichte und sogar Desserts. Geröstet und zu Mehl gemahlen, können die meisten Getreidesprossen außerdem sehr gut zum Backen von Brot und Gebäck verwendet werden (siehe Seite 19).

Vor allem für Kinder ist das Selberzüchten von Keimen und Sprossen ein spannendes Lehrstück über die Entstehung pflanzlichen Lebens.

Das Ziehen von Sprossen und Keimlingen geht sehr schnell. Bereits nach wenigen Tagen können Sie Veränderungen am Samen beobachten und auch schon bald »ernten«.

Während des Winters sammeln die ruhenden Keime reichlich Stärke an, die ihnen im Frühling beim Keimen als eine Art Muttermilch dienen wird.

Die Entwicklung eines »Pflanzenbabys«

Wissenschaftler sprechen auch bei Pflanzen nicht zu Unrecht von Embryos, denn unter dem Mikroskop betrachtet unterscheiden sich Pflanzenzellen gar nicht so sehr von menschlichen Zellen. Und auch die Pflanzenembryos werden ähnlich wie ein menschlicher Fötus von der Natur auf ganz besondere Weise »behütet«. So wird etwa ein Apfelkern im Fallobst durch die im faulenden Fruchtfleisch entstehende Essigsäure vor Vögeln, Würmern, Insekten, Bakterien, Pilzen, Viren und anderen Parasiten geschützt, die diesen Kern mit seinen kostbaren Nährstoffen nur allzu gern vertilgen würden. Auf diese Weise haben Kerne und Samen eine echte Chance, ins Erdreich zu gelangen, wo sie jedoch zunächst erst einmal den Winter über ruhen. In dieser Zeit entwickeln sie reichlich Stärke, die den künftigen Sprossen als eine Art Muttermilch dienen, solange diese die zu ihrem Wachstum benötigten Kohlenhydrate noch nicht selbst herstellen können, sowie große Mengen hochaktiver Nährstoffe, die ebenfalls zum Wachsen gebraucht werden.

Wachsen im Rekordtempo

Wenn dann die Zeit zum Keimen gekommen ist, überschlagen sich die Ereignisse im Innern des Samens: Als Erstes produzieren die Samenzellen in rascher Folge eine Reihe von Hormonen, die im Klebereiweiß (Aleuron) die Proteinsynthesen aktivieren. Außerdem bilden die Zellen reichlich Amylaseenzyme, die die im Samen gespeicherte Stärke in leicht verwertbare Zuckermoleküle umwandeln. Aus diesen entstehen wiederum Schutzhüllen und -wände für die sich jetzt bildenden zahllosen neuen Zellen. Doch bereits nach wenigen Tagen oder Stunden, wenn die

Stärkedepots verbraucht sind, benötigt der Keim (Sonnen-)Wärme und Wasser, um mit ihrer Hilfe wichtige chemische Verbindungen aufzubauen.

Jetzt arbeitet der Keim auf Hochtouren und produziert in jeder Minute Milliarden von Vitamin-, Eiweiß- und Kohlenhydratmolekülen. Die Samenzellen beginnen, in erstaunlichem Tempo zu wachsen – einzelne Zellen können sich dabei um das Hundertfache vergrößern, und ein gerade mal ein Millimeter großer Pflanzenkeim kann überraschend schnell eine Länge von zehn Zentimetern erreichen. Dieser enorme Wachstumsschub sorgt dafür, dass die zunächst noch sehr verletzliche Wurzel schnell ins Erdreich gelangt. Gleichzeitig werden große Mengen des grünen Pflanzenfarbstoffs Chlorophyll gebildet, wodurch der keimende Spross nach und nach sein erstes zartes Gelb oder Weiß verliert.

Alle Pflanzenkeime haben eine innere Uhr, die ihnen meldet, wann die Zeit zum Sprießen gekommen ist – und sie beginnen plötzlich, Wasser aufzusaugen.

Die innere Uhr

● Pflanzenkeime sind geduldig und können lange auf ihren »Frühling« warten. In der arktischen Tundra wurden 10 000 Jahre alte tiefgefrorene Lupinensamen entdeckt, die problemlos Sprossen austrieben.

● Eine innere Uhr meldet dem Keim, wann die Zeit reif ist, um zu sprießen. Er beginnt nun, reichlich Wasser aufzunehmen, legt rasch an Gewicht zu, quillt auf und sprengt schließlich die schützende Hülle. Innerhalb weniger Stunden wachsen feine Wurzelhärchen, die bald darauf ins Freie drängen und sich im Erdreich verankern.

● In der nächsten Phase wird es für das »Pflanzenbaby« kurzzeitig kritisch, denn wenn es ihm nicht gelingt, ausreichend Kohlenhydrate herzustellen, bevor es seine Stärkedepots verbraucht hat, stirbt es ab. Deshalb muss es jetzt alle Aufbaumoleküle so schnell wie möglich selbst produzieren – und genau davon profitieren wir!

Sprossen – echt biogene Lebensmittel

Sprossen und Keime werden meist roh verzehrt. Das hat den Vorteil, dass bei der Zubereitung so gut wie keine Vitamine verlorengehen und wir in den vollen Genuss der kleinen Powerstoffe kommen.

Wenn wir im Supermarkt einkaufen, sammeln sich häufig relativ wertlose Nahrungsmittel im Einkaufswagen an. Dazu gehören:
- Vorgekochte Dosen-, Fertig- oder Mikrowellengerichte
- Nährstoffarme Weißmehl- und Zuckerprodukte
- Industriell vorbehandelte und mit Konservierungsmitteln versehene Nahrungsmittel
- Fleisch, Fisch und Geflügel, die vor dem Verzehr gebraten oder gekocht werden müssen, so dass wertvolle Inhaltsstoffe abgetötet werden
- Fettreiche Produkte, deren Fettsäuren durch Erhitzen von gesunden Cis- zu ungesunden Transfettsäuren deformiert werden
- Mit Pestiziden vorbehandeltes Obst und Gemüse, die durch lange Transportwege und/oder lange Lagerzeiten bereits beim Einkauf einen Teil ihrer Vitamine verloren haben.

Optimale Nährwerte

Wesentlich gesünder sind dagegen die naturbelassenen Produkte aus biodynamischem Anbau oder selbst gezogenes Obst und Gemüse aus dem eigenen Garten. Doch auch hier gibt es hinsichtlich des Nährwerts einige Unterschiede:
- Damit Pflanzen ihre Enzyme oder Vitamine nicht verlieren, dürfen sie nicht aus ihren gewohnten Temperaturen herausgerissen werden, d. h., sie dürfen weder zu stark gekühlt noch zu sehr erhitzt werden. Selbst biologisch angebautes Gemüse oder Hülsenfrüchte aus dem Naturkostladen werden vor dem Verzehr jedoch meist gegart und können so keine Sprossen mehr treiben – ein Zeichen dafür, dass lebendige Inhaltsstoffe beim Kochen abgetötet wurden.

Im Gegensatz zu Sprossen wird auch biologisch angebautes Gemüse häufig gegart und verliert dadurch lebendige Inhaltsstoffe.

● Sprossen werden dagegen – direkt aus ihrem Nährboden kommend – sofort frisch verzehrt, so dass ihre Biostoffe und Enzyme noch aktiv sind.

● Außerdem steht reifes, »ausgewachsenes« Gemüse schon vor dem natürlichen Verfall, während in den »jugendlichen« Sprossen noch der Zellaufbau stattfindet. Aus diesem Grund verdienen nur Sprossen wirklich die Bezeichnung »biogen«, was etwa so viel wie »lebendig« bedeutet.

Vitalität durch Sprossenenzyme

Wenn die ruhenden Samen zu keimen beginnen, bilden sie Milliarden von Enzymen aus. Diese bringen den Stoffwechsel im Inneren des Samens in Schwung, indem sie Eiweiß- und andere Synthesen mobilisieren bzw. indem sie die in den Zellen enthaltenen Kohlenhydrate, Proteine und Fettsäuren abbauen. Da er überwiegend aus Eiweiß, Vitaminen, Mineralstoffen und Spurenelementen besteht, muss der junge Pflanzenspross zunächst eine ausreichende Menge dieser Basissubstanzen herstellen, damit die Enzyme mit ihrer Arbeit beginnen können. Auch für uns

Sprossen sind noch wirklich wertvolle Lebensmittel – wie frisches Gemüse, das unmittelbar aus dem Garten kommt, oder Obst, das frisch vom Baum gepflückt wird.

Sprossen sind eine echte Kraftquelle: Mit einer Tasse Sonnenblumensprossen decken Sie bereits 50 Prozent Ihres Tagesbedarfs an lebenswichtigem Eiweiß! Dazu kommen viele wertvolle Mineralstoffe, Spurenelemente, Vitamine und Ballaststoffe.

Wertvoll seit Jahrtausenden

Sprossen sind echt biogene Lebensmittel, ähnlich einem jungen Salat, den wir unmittelbar aus dem Garten ernten, oder einer Kirsche, die wir frisch vom Baum pflücken. Mit einer solchen Kost hielten sich schon unsere Vorfahren vor Jahrtausenden gesund, und die genetische Struktur unserer Erbanlagen hat sich seit jener Zeit nicht verändert. Ein amerikanischer Wissenschaftler drückte dies so aus: »Unser Bauch ist noch immer mit dem Erdboden, den Pflanzen verbunden – ähnlich der Wurzel eines Baumes, die tief in den Boden eindringt, um daraus kostbare Nährstoffe zu gewinnen.«

sind Enzyme lebenswichtig, weil sie dafür sorgen, dass die Nahrung optimal verwertet wird und die Verdauung reibungslos funktioniert. Dabei helfen die in den Sprossen enthaltenen Enzyme auf optimale Weise.

Ein Schatz an wichtigen Biostoffen

Wie viele wichtige Nährstoffe in den Sprossen von Kernen und Samen enthalten sind, lässt sich gut am Beispiel der Sonnenblumensprossen demonstrieren, wobei der Anteil des durchschnittlichen Tagesbedarfs eines Erwachsenen jeweils in Klammern angegeben ist. Eine Tasse (= 150 Gramm) frisch gekeimter Sonnenblumensprossen enthält im Durchschnitt

Nehmen Sie am besten Samen, die ausschließlich zum Keimen angeboten werden und nicht chemisch vorbehandelt sind – aus dem Bioladen oder dem Reformhaus.

- Kilokalorien: 800 (ca. 33 Prozent)
- Eiweiß: 35 Gramm (50 Prozent)
- Kohlenhydrate: 30 Gramm (10 Prozent)
- Ballaststoffe: 5 Gramm (15 Prozent)
- Lipide (Fettstoffe) gesamt: 70 Gramm (50 Prozent)
- Ungesättigte Fettsäuren: 60 Gramm (100 Prozent)
- Kalzium: 170 Milligramm (20 Prozent)
- Magnesium: 54 Milligramm (24 Prozent)
- Phosphor: 1 200 Milligramm (100 Prozent)
- Natrium: 4 Milligramm (3 Prozent)
- Kupfer: 2,4 Milligramm (100 Prozent)
- Eisen: 10 Milligramm (Männer, 90 Prozent; Frauen, 30 bis 80 Prozent)
- Mangan: 3 Milligramm (70 Prozent)
- Zink: 7 Milligramm (60 Prozent).

Diese Zahlen sind insofern auch auf andere Sprossen übertragbar, als sich das Nährstoffverhältnis aller Arten von Samen und Kernen ähnelt, da für das Austreiben der Sprossen jeweils gleiche oder ähnliche Nährstoffdepots angelegt sind. Kleine Abweichungen gibt es vor allem bezüglich der genetischen Erbanlagen oder des Klimas, in dem die unterschiedlichen Pflanzen heranwachsen, so dass manche einen größeren Anteil an mehr-

Sonnenblumenkerne sind wahre Powerpakete. Mit einer Tasse gekeimter Sonnenblumensprossen decken Sie z. B. Ihren täglichen Bedarf an ungesättigten Fettsäuren, Phosphor und Kupfer vollständig.

fach ungesättigten essenziellen (d. h. lebensnotwendigen) Fettsäuren enthalten, während andere wieder reicher an bestimmten Eiweißbausteinen, Vitaminen, Mineralstoffen oder Spurenelementen sind.

Der Vitamin-C-Gehalt der einzelnen Sprossen hängt wiederum davon ab, wie viel Wasser die Samen und Kerne im Spätsommer und Herbst abstoßen, bevor sie in den Winterschlaf fallen. Das bedeutet, je konzentrierter die Nährstoffe in der schützenden fetthaltigen Hülle eingeschlossen sind, desto weniger Vitamin C benötigen sie (Vitamin C ist ein »Wasservitamin«, das die Zellen bzw. das wässrige Zellinnere schützt).

Die Zellwände mit ihren empfindlichen ungesättigten Fettsäuren werden durch die Bildung von Vitamin E vor allem gegen freie Radikale geschützt, so dass Kerne und Samen, aber auch Nüsse exzellente Spender dieses wichtigen Vitamins sind. Um im Frühjahr Sprossen treiben zu können, benötigen sie außerdem eine bestimmte Menge an B-Vitaminen, die sozusagen als »Anlasser« beim Start gebraucht werden, um ausreichend Enzyme aufbauen zu können – ein weiterer Grund, warum Sprossen so gesund sind.

Keime, Kerne, Sprossen und Samen sind das Beste, was uns die Natur zu bieten hat – hochwirksame Lebensmittel aus Wald, Feld, Flur und Garten, unerreicht in ihrer einzigartigen Kombination aus wertvollen Nährstoffen.

Sprossen züchten – ganz einfach

Wer Samen keimen lassen möchte, braucht nicht gleich eine umfangreiche Ausstattung verschiedener Keimgeräte. Ein Glas mit etwa einem Liter Fassungsvermögen und einer breiten Öffnung, auf die ein Siebeinsatz geschraubt werden kann, reicht völlig aus, um knackige Keime zu züchten.

Achten Sie darauf, dass Sie keine beschädigten Samen zum Sprossen verwenden.

Samen und Kerne zum Keimen zu bringen ist ganz einfach und erfordert wenig Aufwand. Allerdings sollten Sie schon beim Einkauf der Samen einige Punkte beachten, damit Sie später beim Keimen keine unangenehmen Überraschungen erleben:

● In der Natur kann nur kerngesundes Erbgut überleben, das unversehrte Pflanzen hervorbringt. Aus diesem Grund können gebrochene, gesplitterte oder anderweitig beschädigte Samen nicht mehr keimen, und schon wenige dieser Samen können den gesamten gesunden Rest verderben. Deshalb sollten Sie nach dem Kauf gleich beschädigte Exemplare aussortieren.
● Grüne Samen, wie beispielsweise die der Mungbohne, sollten wirklich grün und nicht gelbgrün sein, was oft ein Zeichen für Unreife ist. Rote Samen, wie etwa die der asiatischen Adzukibohne, sollten aus dem gleichen Grund intensiv rot gefärbt und nicht pink- oder rosafarben sein.
● Vor allem biologisch gezüchtete Samen sind häufig durch Steine, Sand und Erde verschmutzt und müssen deshalb vor dem Keimen gründlich gewaschen werden.
● Frisch aus großen Behältern abgefüllte Samen sind oft wertvoller als Samen, die in kleine Tüten abgepackt angeboten werden. Am besten sind die Samen, die ausschließlich zum Keimen angeboten werden. Allerdings sollten Sie sich zuvor vergewissern, dass sie nicht chemisch vorbehandelt wurden. Sonst weichen Sie lieber auf biologisch angebaute Samen aus.
● Im Prinzip können alle Samen, Körner oder Hülsenfrüchte zum Keimen gebracht werden. Probieren Sie deshalb möglichst viele Samenarten aus, um herauszufinden, welche Sprossen Ihnen und Ihrer Familie am besten schmecken.

• Im Allgemeinen schmecken Sprossen von nur einer Sorte am besten, doch auch Samen ähnlicher Gattungen können miteinander kombiniert faszinierende Geschmacksnuancen ergeben. Naturkostläden und Reformhäuser sowie manche Supermärkte bieten solche (biologisch angebauten) Sprossenmixturen an.

Was Sie zum Keimen brauchen

Die »Gerätschaften«, die Sie zum Keimen von Samen und Kernen benötigen, sind denkbar einfach:

• Einen ausreichend großen Behälter aus Glas, in dem die stark quellenden Keime stets mit Wasser bedeckt sind. Die Öffnung sollte groß genug sein, um mit der Hand in das Gefäß greifen und bereits »erwachsene« Sprossen herausnehmen zu können. Ideal geeignet ist beispielsweise ein normales Einweckglas mit einem Fassungsvermögen von etwa einem Liter. Solche ein-

Kaufen Sie anfangs immer nur kleine Mengen Samen, denn aus beispielsweise 100 Gramm Alfalfasamen werden ungefähr 800 Gramm, manchmal sogar bis zu einem Kilogramm Sprossen!

Vielfalt der Sprossensamen

• **Gemüse:** Rote Bete, Grünkohl, Blumenkohl, Brokkoli, Rosenkohl, Rettich, Mangold, Senf, Rüben, Endivien, Lauch

• **Hartbohnen:** Garbanzo, schwarze Bohnen, Sojabohnen, Kichererbsen, Adzukibohnen

• **Weichbohnen:** Mungbohnen, Linsen

• **Getreide:** Buchweizen, Weizen, Hafer, Gerste, Roggen, Dinkel

• **Kleine Samen:** Sesam, Alfalfa, Klee, Hirse, Kresse

Sprossenmixturen sind im Hinblick auf die unterschiedlichen Geschmacksnuancen bereits vorgeprüft. Sie kosten zwar oft etwas mehr als einzeln abgepackte Samen, eignen sich aber gut zum Ausprobieren.

---

fachen »Miniaturtreibhäuser« eignen sich besser zum Sprossenzüchten als Kunststoffbehälter.

- Ein sauberes Baumwolltuch zum Abdecken des Gefäßes.
- Ein Gummiband, um das Tuch zu befestigen.
- Sauberes kaltes Leitungswasser. Lassen Sie das Wasser zuerst eine Weile aus dem Hahn fließen, damit es frei von eventuellen Rost- oder Schmutzrückständen ist. Vor allem Rückstände von Warmwasser, das durch die Systeme der Heizanlage zirkuliert ist, müssen vorher gründlich aus der Leitung gespült werden.

Zum Sprossenzüchten eignet sich ein einfaches Einweckglas mit einem Volumen von etwa einem Liter sehr gut. Weitere Gefäße zum Sprossenzüchten finden Sie ab Seite 20 beschrieben.

Erster Schritt – die Samen quellen lassen

Damit die Samen keimen können, müssen sie zunächst ausreichend Wasser zum Quellen aufnehmen. Die beste Zeit dafür ist nachts, da die Samen auch in freier Natur ihr »Quellwasser« vor allem in der Nacht aufsaugen, wenn ihnen die heißen Sonnenstrahlen nicht schaden können. Aus diesem Grund ist es am besten, mit dem ersten Schritt am Abend zu beginnen. Und so wird's gemacht:

- Reinigen Sie das Keimgefäß vor jedem Keimvorgang gründlich mit heißem Wasser. Es darf keinerlei Reste von Geschirr-

Wie lange quellen lassen?

Zum Ansaugen des Wassers und Quellen brauchen die Samen unterschiedlich lange:

- Kleine Samen benötigen etwa vier bis sechs Stunden, um zu quellen, weil sie weniger Wasser aufnehmen.
- Große Samen oder Bohnen brauchen dagegen zehn bis zwölf Stunden oder noch länger, bis sie genügend Wasser aufgesaugt haben.

spülmitteln oder anderen Rückständen, beispielsweise von Konservierungsmitteln, aufweisen.

● Verwenden Sie stets qualitativ hochwertige Samen, und entfernen Sie sorgfältig die Spreu sowie gebrochene oder gesplitterte Samen.

● Geben Sie die Samen in das Gefäß. Füllen Sie aber nicht zu viele Samen hinein, da das Keimgefäß sonst bald von den rasch wachsenden Sprossen »gesprengt« wird. Kleine Samen sollten gerade den Boden des Behälters bedecken, größere Samen oder Bohnen dürfen das Gefäß bis zu einem Achtel oder einem Sechstel ausfüllen.

● Bedecken Sie die Samen mit der vierfachen Menge kalten Wassers, und stellen Sie das Gefäß bei Zimmertemperatur an einen dunklen Platz.

Zweiter Schritt – Beginn des Keimens

Am nächsten Morgen sind die Samen aufgequollen und schon recht kräftig geworden. Jetzt kann der eigentliche Keimvorgang beginnen:

● Gießen Sie das überschüssige Wasser aus dem Keimbehälter über einem Sieb in ein Gefäß ab (durch die Samen enthält das Wasser reichlich Vitamine und Spurenelemente und ist deshalb sehr gut als Kochwasser für Saucen oder Suppen geeignet).

● Spülen Sie die gequollenen Samen in dem Sieb sorgfältig unter kaltem Leitungswasser ab, und geben Sie sie wieder in den Keimbehälter.

● Decken Sie das Gefäß mit einem sauberen Tuch ab, das Sie vorher gut angefeuchtet haben, und fixieren Sie das Tuch fest und glatt mit einem Gummiband, so dass die Öffnung vollständig verschlossen ist.

● Stellen Sie den Behälter mit den eingeschlossenen Samen kopfüber in einem Winkel von etwa 45 °C ab, so dass das über-

Keime und Sprossen brauchen einerseits viel Wasser und Feuchtigkeit, andererseits mögen sie es relativ dunkel. Decken Sie das Keimgefäß deshalb immer mit einem angefeuchteten Tuch ab.

schüssige Wasser durch das Gewebe des Stoffes ablaufen kann. Damit der gewünschte Kippwinkel erreicht wird, können Sie das Gefäß in einen Suppenteller stellen und einen Löffel oder ein Messer unterlegen, oder Sie stellen es einfach schräg in ein Abtropfgitter.

● In der Natur wachsen die keimenden Sprossen im Schutz größerer Gräser, Farne oder anderer Pflanzen heran, das bedeutet, sie sind der Sonne kaum oder gar nicht ausgesetzt. Aus diesem Grund mögen auch Ihre Sprossen eher gedämpftes, diffuses Licht, nicht jedoch direkte Sonnenbestrahlung und schon gar kein Neonlicht.

● Die Keimlinge brauchen ausreichend Regen, den Sie dadurch ersetzen, dass Sie die Sprossen mindestens zweimal täglich spülen. Dazu entfernen Sie das Tuch und stellen das Keimgefäß unter fließendes kaltes Wasser, bis es überfließt. Das ablaufende Wasser wird möglicherweise etwas schaumig sein – ein Zeichen dafür, dass natürliche Abfallprodukte abgestoßen wer-

Sprossen mögen es wie in der Natur feucht, aber nicht nass, weil sie sonst schnell modrig werden und zu faulen beginnen.

Spielen Sie Mutter Natur

Samen und Kerne gehorchen einem genetischen Programm, das sich seit Hunderttausenden oder gar Millionen von Jahren nicht verändert hat. Dazu gehört auch, dass sie zum Wachsen ausreichend Feuchtigkeit bekommen.

● Wenn die Sprossen jedoch zu lange im Wasser liegen, säuern und faulen sie schnell. Aus diesem Grund ist es wichtig, dass der Keimbehälter immer schräg steht, damit das überschüssige Wasser nach dem Spülen wieder ablaufen kann.

● Keimende Sprossen benötigen außerdem genügend Sauerstoff, um Enzyme, Vitamine und andere Biosubstanzen herstellen zu können. Der Keimbehälter sollte deshalb stets zu einem guten Drittel als Sauerstoffreservoir frei bleiben.

den. Danach decken Sie das Gefäß erneut mit dem Tuch ab und stellen es kopfüber gekippt wieder an seinen Platz, damit der »Regen« versickern kann.

Wie lange brauchen die Samen zum Keimen?

Im Vergleich zu uns Menschen vollzieht sich der Wechsel von der »Kindheit« eines Keimlings zur ausgereiften Pflanze sehr schnell. Dies lässt sich auf den natürlichen Ausleseprozess zurückführen, bei dem nur der Stärkste überlebt und der die einzelnen Gattungen dazu zwingt, möglichst schnell wettbewerbsfähig zu werden, um sich gegen die »Konkurrenz« behaupten zu können. Ein schönes Beispiel, an dem sich die Vielfalt der Natur auf beeindruckende Weise zeigt und das wir mit eigenen Augen beobachten können, sind Samen und Keime auf dem Weg zur Reife:

● Zu den Sprossen, die schon nach 24 Stunden essbar sind, gehören z. B. Bohnen, Getreide, Sonnenblumenkerne, Mandeln oder Kürbiskerne.

● Andere Sprossen, wie beispielsweise Senf, Alfalfa, Mungbohnen oder Rettich, brauchen dagegen bis zu sechs Tage oder sogar noch länger, bis sie geerntet werden können.

Doch beachten Sie bitte: Wenn Samen zu lange keimen, entwickeln sie ausgeprägte winzige Wurzeln, verlieren gleichzeitig ihren einzigartigen frischen Geschmack und werden bald darauf bitter, was von der Natur als Abwehrmaßnahme gegen Triebe fressende Insekten, Würmer, Bakterien oder andere kleine und größere Tiere eingerichtet wurde.

Die meisten Sprossen erreichen ihre höchste Konzentration an kostbaren Biostoffen im Alter zwischen drei und fünf oder sechs Tagen. Trotzdem können Sie sie auch schon früher ernten und genießen, nämlich wenn der Sprossentrieb die Länge des Samens erreicht hat. Und weil immer wieder neue Sprossen nachwachsen, stehen Ihnen auf diese Weise stets frische Vitamine, Spurenelemente und andere Nährstoffe zur Verfügung.

Wichtig: Wenn Samen zu lange keimen, büßen sie bald ihren einzigartigen frischen Geschmack ein und werden bitter – eine sinnvolle Vorsichtsmaßnahme der Natur.

Die fünf goldenen Regeln zum erfolgreichen Sprossenzüchten

❶ Sprossen gedeihen am besten, wenn es warm, feucht und dämmrig ist.

❷ Sprossen brauchen viel Platz und Luft zum Wachsen.

❸ Sprossen dürfen weder im Wasser liegen noch austrocknen.

❹ Sprossen dürfen nicht zu spät geerntet werden.

❺ Sprossen sollten nicht zu lange gelagert werden und vertragen keine Kälte.

Sprossen richtig aufbewahren

Sprossen schmecken am besten, wenn sie möglichst bald nach der Ernte verzehrt werden. Außerdem besitzen sie frisch noch alle wertvollen Inhaltsstoffe, die mit zunehmender Lagerzeit nach und nach abnehmen.

Sprossen sollten deshalb, nachdem sie von den Samen abgetrennt wurden, in einem luftdicht verschlossenen Behälter nicht länger als höchstens zwei bis drei Tage im Kühlschrank gelagert werden, da andernfalls Geschmack und Inhaltsstoffe verloren gehen.

Bestimmte Getreidesprossen wie Weizen, Roggen oder Hafer, die später lange Stängel bilden, entwickeln beim Keimen eine nahezu ungebremste Energie und wachsen auch nach der Ernte noch weiter. Eine Möglichkeit, Getreidesprossen zu lagern und gleichzeitig ihr Weiterwachsen zu stoppen, ist das Trocknen oder die Aufbewahrung im Tiefkühlfach, wobei Letzteres jedoch gewisse Nachteile mit sich bringt (siehe unten).

Sprossen mögen keine Kälte

Im Allgemeinen mögen Sprossen keinen Frost, das bedeutet, tiefgefrorene Sprossen werden nach dem Auftauen oft matschig,

Sprossen schmecken frisch am besten und sollten deshalb möglichst bald nach der Ernte verzehrt werden. Mit zunehmender Lagerzeit verlieren sie außerdem ihre wertvollen Inhaltsstoffe.

sind ohne Biss sowie Geschmack und haben außerdem bis zu 60 Prozent ihrer Vitamine verloren. Doch es gibt noch weitere Konservierungsmöglichkeiten:

● Wenn Sie einmal mehr Sprossen ernten, als Sie auf den Tisch bringen können, lassen Sie sie im Backofen bei 150 °C (Gas, Stufe 1) trocknen – dieser Vorgang dauert mehrere Stunden, da die Sprossen keinerlei Feuchtigkeit mehr enthalten dürfen. Wenn Sie die Sprossen danach schnell zu einem Pulver zerstoßen und anschließend in einem luftdicht abgeschlossenen Behälter, etwa in einem Marmeladenglas, lagern, gehen noch am wenigsten der wertvollen Inhaltsstoffe verloren.

● Bestimmte Bohnensprossen wie Soja oder Garbanzo können sowohl getrocknet als auch geröstet werden (in einer beschichteten Pfanne ohne Fett) und eignen sich dann ebenso gut zum Kochen oder Garnieren von Speisen – wie Nüsse. Auch der Nährstoffgehalt bleibt so weitgehend erhalten.

● Dasselbe gilt für fast alle Getreidesprossen, die zuerst getrocknet oder geröstet und anschließend zu Mehl zermahlen werden können. Ein solches Getreidesprossenmehl können Sie sehr gut zum Backen verwenden.

Sie können Sprossen im Backofen bei 150 °C auch sehr gut trocknen, denn dabei gehen weniger wertvolle Inhaltsstoffe verloren als beim Tiefgefrieren.

Wenn mehr Getreidesprossen wachsen, als Sie im Moment verzehren können, trocknen Sie sie, zermahlen sie zu nährstoffreichem Sprossenmehl und bewahren dieses in luftdichten Gläsern auf.

Weitere Methoden der Sprossenzucht

Wenn Sie mit Hilfe des Einweckglases Ihre ersten Erfahrungen als Sprossenzüchter gemacht haben, können Sie auch noch andere Methoden ausprobieren. Mit den folgenden Konstruktion bekommen die Samen ausreichend Licht und Luft, um gut zu gedeihen.

Holztablett

Auf dem Holztablett sprießen die winzigen, feinen Alfalfablätter innerhalb von fünf Tagen wie ein wunderschöner grüner Teppich hervor.

Zum Sprossenzüchten auf dem Holztablett eignen sich vor allem Alfalfasprossen sowie alle Sprossenmischungen, die Alfalfa enthalten. Naturkostläden bieten verschiedene Systeme solcher kleiner Minigärten an, Sie können sich Ihre eigene Sprossenfabrik aber auch ganz leicht selbst basteln. Dazu benötigen Sie lediglich einen etwa fünf Zentimeter hohen Holzrahmen von etwa 30 mal 30 Zentimeter Seitenlänge (er darf aber auch kleiner oder größer sein), einen sehr feinen siebartigen Boden in passender Größe (aus Holz oder Kunststoff) sowie mehrere kleine Nägel, mit denen Sie den Boden am Holzrahmen fixieren.

Wenn das Holztablett in der Mitte über eine Holzkehle verfügt, lässt sich auch ein zweites, eventuell sogar noch ein drittes Stockwerk darauf stapeln. Das Spülwasser für die Sprossen wird dann gleichmäßig von oben eingegeben, fließt über mehrere Stockwerke nach unten und von dort wieder ab.

Bevor die Samen in Ihre Sprossenfabrik kommen, müssen sie, wie auf Seite 14 beschrieben, zuerst über Nacht eingeweicht werden und aufquellen.

Zum Spülen der Sprossen können Sie den Keimkasten aber auch einfach in Ihrem Spülbecken in Wasser tauchen. Wenn Sie den Kasten dann auf den Rand eines Backblechs setzen, kann das Wasser durch den entstehenden Kippwinkel gut ablaufen und sich in der gegenüberliegenden Ecke des Blechs sammeln. Dann brauchen Sie es nur noch mit einem Schwamm oder einem Tuch aufzusaugen.

Das feucht-warme Klima während des Keimprozesses ist leider auch ein günstiges Milieu für Hefen und Schimmelpilze. Es ist daher wichtig, sowohl Samen und Keimlinge mehrmals täglich gründlich zu waschen, als auch die »fertigen« Sprossen vor dem Verzehr mit heißem Wasser abzuspülen. Das minimiert die Belastung.

Blumentopf

Auch Blumentöpfe aus Ton eignen sich sehr gut zum Sprossenzüchten, da sie oben die weite Öffnung zum Entnehmen der fertigen Sprossen haben und unten bereits über ein kleines Abflussloch verfügen. Außerdem können Sie den Blumentopf vor dem Keimen einige Stunden in kaltem Wasser einweichen, bis er sich vollgesaugt hat. Auf diese Weise werden die Samen ständig mit reichlich Feuchtigkeit versorgt, was ihnen besonders gut bekommt.

Damit die Samen unten nicht durch das Abflussloch herausfallen können, schneiden Sie am besten ein Plastiksieb zurecht und legen es auf den Topfboden. Denselben Zweck erfüllt aber auch eine Lage Sackleinen oder Rupfen, auf das Sie die vorher eingeweichten und gequollenen Samen legen. Dann wird der Topf mit einem angefeuchteten Tuch abgedeckt und das Tuch mit einem Gummiband am oberen, breiten Rand fixiert.

Zum Spülen der Sprossen nehmen Sie das Tuch ab, stellen den Topf auf einen dicken Gummiring in den Ausguss und füllen ihn bis oben mit kaltem Wasser. Wenn es abgeflossen ist, brauchen

Ein Tipp von »Sprossenprofis«: Wenn Sie den Keimkasten auf angefeuchtetes Papier stellen und oben mit einer Lage Papier abdecken, das ebenfalls angefeuchtet wurde, bekommen die Keime von unten und oben viel Feuchtigkeit zugeführt. Auf diese Weise entsteht ein »Minidschungel«, der die Sprossen besonders gut wachsen lässt.

Sie den Topf dann nur noch auf einen tönernen Untersetzer zu stellen, so dass die Sprossen von oben und unten ausreichend mit Luft versorgt werden.

Plastikbecher

Auch große, mit heißem Wasser sauber ausgespülte Plastikbecher für Joghurt, Quark oder Eiscreme lassen sich ausgezeichnet zum Sprossenzüchten verwenden.

Damit auch hier das Wasser problemlos ablaufen kann, ist es wichtig, dass Sie vor dem Keimen mit einem dicken Nagel Löcher in den Kunststoffboden stanzen. Besonders gut mit Luft und Feuchtigkeit versorgt werden die Sprossen, wenn Sie außerdem noch einige Löcher in die Seitenwände des Bechers stanzen und ihn danach in einen größeren Behälter stellen. Dann füllen Sie den Zwischenraum mit gut angefeuchtetem Papier oder Baumwollstoff aus, geben die vorgequollenen Samen in ihr Keimbett und decken den Becher mit einem nassen Tuch oder angefeuchteten Papierküchentüchern ab, damit die Keime nicht zu viel Licht ausgesetzt sind.

Mit einfachsten Mitteln funktioniert das Keimen in Plastikbechern, in denen zuvor Joghurt, Sahne oder Quark gefüllt war. Um einen einwandfreien Keimprozess zu gewährleisten, müssen die Becher zuvor mit heißem Wasser ausgespült werden.

22

Keimboxen

Weil das Sprossenzüchten immer populärer wird, hat sich daraus in den letzten Jahren ein neuer, kleiner Industriezweig entwickelt.

Reformhäuser oder Naturkostläden bieten mittlerweile eine Reihe von relativ preisgünstigen Keimgeräten an, die das Sprossenzüchten vereinfachen und vor allem dann einen Vorteil bringen, wenn Sie tagsüber berufstätig sind und sich deshalb nicht ausreichend um Ihre Sprossen kümmern können.

Diese kleinen Keimanlagen – bei einigen Geräten stehen gleich mehrere Stockwerke für die Sprossenzucht zur Verfügung – funktionieren nach dem gleichen Prinzip wie alle anderen Keimgeräte: Unten werden die Samen eingefüllt, und oben wird frisches Wasser zum Spülen hineingegossen, das über einen Zulauf langsam und gleichmäßig über die Sprossen verteilt wird und nach unten in eine Auffangschale abläuft.

Bei mehrstöckigen Keimboxen ist der oberste Zuchtkasten meistens mit einer durchsichtigen Kunststoffabdeckung versehen, durch die Licht einfallen kann. Auf diese Weise können Samen, die weniger Licht benötigen oder beim Keimen überhaupt keine Lichtstrahlen vertragen, einfach weiter unten »ausgebrütet« werden, während Sprossen, die kurz vor der Ernte stehen und deshalb etwas mehr Licht vertragen, um grün zu werden, in das oberste Stockwerk verlagert werden.

So gedeihen Ihre Sprossen

Egal, welches Keimgefäß Sie benutzen – damit Ihre Sprossen gut wachsen, sind stets folgende Voraussetzungen wichtig:
- Der Behälter sollte eine große Einfüll- und eine kleine Abflussöffnung haben.
- Auf die Abflussöffnung muss ein Sieb oder ein siebähnliches Stück Stoff, Sackleinen oder Rupfen gelegt werden, damit die Samen nicht herausfallen können.

Keimboxen gibt es in vielen Varianten: rund oder rechteckig, groß oder klein und je nach Anzahl der Stockwerke unterschiedlich hoch. Manche sehen aus wie kleine Schränkchen mit bis zu zehn Schubladen.

Keimboxen werden vom Fachhandel, in Reformhäusern und Naturkostläden, aber auch von einigen großen Versandfirmen angeboten.

● Auf die große Einfüllöffnung wird ein Stück feuchter Baumwollstoff oder auch eine oder mehrere Lagen angefeuchtete Papierküchentücher gelegt und mit einem Gummiband fixiert. Auf diese Weise ist der Behälter abgedunkelt, und die Sprossen werden gleichzeitig mit ausreichend Feuchtigkeit versorgt.

Häufige Fehler beim Sprossenzüchten

Es gibt wohl kein Hobby, bei dem nicht auch hin und wieder etwas schief geht. Wenn also auch Ihre Sprossen einmal nicht gelingen, könnte dies folgende Ursachen haben:

Selbst in einer ganz normalen, mit Löchern versehenen Plastikeinkaufstüte können Sie problemlos Sprossen ziehen.

● Mitunter faulen Samen unerklärlicherweise über Nacht. Ursache können minderwertige oder beschädigte Samen, zu viel Wärme oder gar Hitze, unsauberes Wasser, ungenügendes Spülen oder mangelnde Luftzufuhr sein. Da faulige Sprossen auch die übrigen, gesunden Sprossen verderben, sollten Sie die betroffenen Sprossen sofort entfernen. Sind bereits zu viele Sprossen verdorben, ist es ratsam, neue Samen anzusetzen. Das Keimgefäß muss natürlich vorher gründlich mit heißem Wasser ausgewaschen worden sein.

● Manchmal besteht die Ernte aus gesunden, schmackhaften Sprossen, die jedoch unerklärlicherweise innerhalb weniger Stunden modrig schmecken. Auch in diesem Fall sind es fast immer einzelne Faulsprossen, die nach und nach die restlichen anstecken. Sie müssen ebenfalls rechtzeitig entfernt werden, damit nicht die gesamte Ernte zunichte gemacht wird.

● Auch Insekten können Ihre Sprossen verderben. Winzige, oft unsichtbare Getreidekäfer haben es besonders auf die Keime abgesehen. In diesem Fall sollten Sie die Sprossen besser wegwerfen und einen neuen Keimvorgang beginnen.

● Mit Bakterien, Pilzen, Viren, Parasiten oder anderen krankheitserregenden Mikroben verschmutztes Wasser ist ein weiterer Grund, warum Samen mitunter schon beim Einweichen verderben und anschließend faulen. Achten Sie deshalb darauf, beim Quellen der Samen bzw. beim Spülen der Sprossen immer nur frisches, kaltes Wasser zu verwenden (siehe Seite 14).

● Je nach klimatischen Verhältnissen können Samen früher oder später keimen. Manche harten Samen – äußerlich sieht man es ihnen nicht an – treiben zunächst keinerlei Keime. Sie verlangen dann lediglich ein wenig Geduld und sind eben typische »Spätzünder«.

Die Kunst des Sprossenmischens

Sprossen gedeihen am besten, wenn sie in einem Umfeld aufwachsen, das ihrem genetischen Programm am ehesten entspricht. Es gibt auch bei Pflanzen unverträgliche Kombinationen. Erfahrungsgemäß existieren viele Pflanzen, die sich gegenseitig im wahrsten Sinn des Wortes nicht riechen können und in freier Natur zugrunde gehen, sobald sie in allzu enger Nachbarschaft wachsen. Dementsprechend mögen sich auch die Samen solcher »unverträglicher« Pflanzen nicht und sollten aus diesem Grund auch nicht gemeinsam gezüchtet werden.

● Herauszufinden, welche Pflanzen bzw. Samen gut zueinander passen, kann für den Anfänger recht langwierig sein. Aus diesem Grund empfiehlt es sich, den Ratschlag von erfahrenen Züchtern anzunehmen und möglichst nur solche Samen in Kombination zu züchten, die sich auch untereinander »mögen« (siehe folgende Kapitel).

● Sprossen müssen darüber hinaus auch im Geschmack gut zueinander passen. Sprossen, die sich geschmacklich nicht vertragen, können Ihnen die gesamte Mischung verderben.

● Verwenden Sie für Sprossenmixturen außerdem stets nur Sprossen, die etwa gleich lange Keimzeiten haben. Wenn die Samen einer Pflanzenart zwei Tage zum Keimen brauchen, kombinieren Sie sie am besten mit Pflanzensamen, die ebenfalls nur zwei bis drei Tage bis zur Reife benötigen, damit Sie die Sprossen gleichzeitig ernten können.

Wie bei den Pflanzen gibt es auch bei den Keimen unverträgliche Kombinationen. Herauszufinden, welche Keime zueinander passen und welche nicht gemeinsam gezüchtet werden sollten, kann anfangs recht schwierig sein.

Die besten Samen zum Sprossenzüchten

Die äußerst beliebten Sprossen der Alfalfasamen, die auch als Luzerne bekannt sind, zeichnen sich durch ihren hohen Folsäuregehalt aus. Diese sorgt im Körper für eine ungestörte Blutbildung.

Adzukibohnen

Die Samen dieser aus Fernost stammenden Bohnenart eignen sich für sämtliche Zuchtmethoden und benötigen drei bis fünf Tage bis zur Ernte, wenn die Sprossen eine Länge von etwa zwei Zentimetern erreicht haben. Adzukisprossen sind reich an Eiweiß, Eisen, Kalzium, Vitamin B3 und Vitamin C.

● **Zubereitung:** Die Sprossen schmecken am besten, wenn sie eine Minute in kochendem Wasser gedämpft werden. Sie können sie in Suppen, im Salat, als Gemüsebeilage oder in Fleisch- und asiatischen Gerichten verwenden. Sie passen aber auch sehr gut zu Rohkost oder zu Sandwiches.

Alfalfa (Luzerne)

Alfalfa ist eine der am häufigsten verwendeten Sprossenarten. Die Samen akzeptieren sämtliche Zuchtmethoden und keimen problemlos in drei bis fünf Tagen. Die Sprossen enthalten sehr viel Eiweiß, Folsäure sowie Zink und sind nach dem Grünwerden ein ausgezeichneter Magnesiumlieferant. Als »Multivitaminbombe« werden sie als Aufbau- und Kräftigungsmittel vor allem für Kinder und ältere Menschen geschätzt.

Alfalfasprossen sind eine »Multivitaminbombe« und schmecken am besten roh. Sie eignen sich gut für Salate und Rohkostteller, in Gemüsesäften oder in Eintopf- und Gemüsegerichten.

● **Zubereitung:** Die Sprossen schmecken am besten roh und sind deshalb ideal für Salate und Rohkostteller geeignet. Außerdem sind sie ein vorzüglicher Ersatz für Petersilie oder Schnittlauch auf Sandwiches oder in Rühreiern. Frisch gepresste Gemüsesäfte erhalten durch Alfalfasprossen einen pikant erfrischenden Geschmack. Auch in Eintopf- oder in Gemüsegerichten schmecken sie ausgezeichnet.

Bohnen

Bohnensprossen sind zwar leicht zu züchten, müssen jedoch besonders sorgfältig gespült werden (mindestens zwei- bis dreimal täglich), damit sie nicht verderben, und brauchen ausreichend Luft und Platz zum Gedeihen (am besten großflächig auf einem Holztablett auslegen, siehe Seite 20). Die Samen benötigen zwei bis drei Tage bis zur Ernte. Bohnensprossen sind ähnlich den Sojabohnensprossen ein optimaler Eiweißlieferant, der Fleisch, Fisch oder Geflügel überflüssig macht und deshalb vor allem für Vegetarier besonders wertvoll ist. Die Sprossen der einzelnen Bohnensorten unterscheiden sich zwar im Geschmack voneinander, lassen sich aber hervorragend untereinander kombinieren. Bohnensprossen wirken entwässernd und regen die Darmtätigkeit an.

● **Zubereitung:** Die Sprossen können zerkleinert sehr gut unter Gemüsegerichte oder Saucen gemischt werden. Sie schmecken aber auch vorzüglich zu Fischgerichten oder Käsebrötchen, und Sie können mit den Sprossen Salate, Dressings oder Suppen veredeln.

Bohnensprossen müssen mindestens zwei- bis dreimal täglich gespült werden und brauchen viel Luft und Platz. Nach zwei bis drei Tagen können sie geerntet werden.

Bohnensamen und -sprossen enthalten große Mengen an hochwertigem Eiweiß. Sie können besonders Veganern, die auf alle tierischen Lebensmittel, also auch auf die Eiweißlieferanten Milch, Käse und Eier verzichten, ausreichend Eiweiß zuführen.

Gekeimte Gerste ist bei uns schon lange bekannt. Zur Herstellung von Malz werden die gekeimten Körner getrocknet, gemahlen und dann z. B. zum Bierbrauen verwendet. Frisch schmecken sie in Salaten, Müslis oder Obstspeisen.

Erbsen

Erbsen sind wie Bohnen leicht zu züchten und keimen in allen nur denkbaren Behältern. Die Sprossen sollten nach drei bis vier Tagen, bzw. wenn sie Samenlänge erreicht haben, geerntet werden, da sie dann am besten schmecken. Erbsensprossen sind reich an Eiweiß, Kohlenhydraten, Ballaststoffen, Vitaminen und Mineralstoffen.

● **Zubereitung:** Die Sprossen schmecken am besten, wenn Sie sie kurz in Wasser dämpfen und abgekühlt zu Salaten, Suppen, Saucen, Rohkosttellern oder anderen kalten Gerichten geben.

Erbsensprossen, die viel Eiweiß, Kohlenhydrate, Ballaststoffe, Vitamine und Mineralstoffe enthalten, schmecken am besten, wenn man sie kurz dämpft.

Gerste

Die Samen gedeihen problemlos im Einweckglas (siehe Seite 13) oder im Blumentopf (siehe Seite 21). Wenn die Sprossen nach drei bis vier Tagen die Länge des Samenkorns erreicht haben, können sie geerntet werden. Gerstensprossen sind mit einem Proteingehalt von etwa zehn Prozent zwar weniger eiweißreich als andere Getreidesprossen, enthalten dafür aber sehr viel Kalzium und Kalium, Vitamine der B-Gruppe sowie verschiedene Spurenelemente.

● **Zubereitung:** Die Sprossen eignen sich roh ausgezeichnet für Suppen, Salate und Müslis. Getrocknet, geröstet und zu Mehl gemahlen (siehe Seite 19) können sie auch gut zur Herstellung von Gebäck oder Brot verwendet werden.

Hafer

Hafersamen brauchen eine besondere Behandlung. Das bedeutet: Man darf sie vor dem eigentlichen Keimen nicht einweichen und vorquellen lassen, sondern sie werden in feuchte, möglichst dicke Papiertücher gelegt und häufig besprüht, etwa mit einer Sprühflasche, wie sie auch zum Wäschebügeln benutzt wird. Damit die Sprossen nicht zu rasch austrocknen, legen Sie die Papierlagen mit den Samen am besten in eine mit Löchern versehene Plastiktüte. Wichtig: Lassen Sie die Tüte oben offen, damit die Samen ausreichend Luft bekommen. Geerntet werden die Sprossen, wenn sie nach etwa drei bis vier Tagen die Länge des Samens erreicht haben. Hafersprossen enthalten reichlich B-Vitamine, vor allem das »Nervenvitamin« Thiamin (Vitamin B1).

● **Zubereitung:** Die Sprossen schmecken am besten roh im Frühstücksmüsli. Kurz in Wasser gedämpft und mit Butter verfeinert sind sie eine gesunde Gemüsebeilage; getrocknet, geröstet und zermahlen (siehe Seite 19) eignen sie sich gut zum Brotbacken.

> Hafersprossen brauchen viel Luft und sind ein gutes »Nervenfutter«, denn sie enthalten reichlich Vitamine der B-Gruppe. Sie schmecken roh im Müsli oder gedämpft und in Butter geschwenkt als Gemüse. Getrocknet und zermahlen kann man sie gut zum Brotbacken verwenden.

Hirse

Hirsesprossen gedeihen besonders gut im Einweckglas (siehe Seite 13) und können nach drei bis vier Tagen geerntet werden. Sie enthalten reichlich Vitamin B2, sind leicht verdaulich und geben somit ihre wertvollen Biostoffe rasch frei.

● **Zubereitung:** Hirsesprossen haben einen ähnlich süßlichen Geschmack wie Mais. Sie können gedünstet als Gemüse serviert werden, schmecken roh im Müsli und sind auch für Suppen und Saucen gut geeignet. Getrocknet, geröstet und fein zermahlen (siehe Seite 19) sind sie eine gesunde Zutat im Brotteig.

Klee

Die roten oder grünen Kleesamen gedeihen am besten im Einweckglas (siehe Seite 13), im Blumentopf (siehe Seite 21) oder im Holzkasten (siehe Seite 20) und brauchen drei bis fünf Tage bis zur Reife (wenn die Sprossen einen Zentimeter lang sind, den Keimbehälter ins indirekte Licht stellen, damit die Sprossen grün werden). Die roten Kleesprossen ähneln den Alfalfasprossen. Grüne Kleesprossen enthalten reichlich Chorophyll und damit sehr viel Magnesium. Beide Kleesprossenarten sind auch reich an anderen wichtigen Mineralstoffen und Vitaminen.

● **Zubereitung:** Kleesprossen schmecken am besten roh, etwa als Beilage zu Rohkosttellern oder in Salaten, als kleiner Vitalsnack für zwischendurch, aber auch als pikanter Würzespender auf Brötchen oder Sandwiches, in Saucen, Dressings, Dips oder Mayonnaisen. Kleesprossen lassen sich überall dort als Zutat verwenden, wo im Rezept Alfalfasprossen angegeben sind.

Kresse

Kressesamen brauchen gar nicht oder zumindest nur kurz eingeweicht zu werden (drei bis vier Stunden genügen). Wie Hafer werden sie am besten zwischen feuchte Papierküchentücher in eine Plastiktüte gelegt und mehrmals täglich mit Wasser besprüht (siehe Seite 29), so dass sie während des Keimens stets ausreichend Luft und Feuchtigkeit bekommen. Nach zwei Tagen benötigen die Sprossen indirektes Licht, um grün zu werden; und nach weiteren zwei bis drei Tagen können sie geerntet werden. Kressesprossen sind sehr reich an Vitamin A und C.

Kressesamen benötigen nur eine kurze Einweichzeit und gedeihen am besten zwischen feuchten Papierküchentüchern in einer Plastiktüte. Sie müssen dann allerdings mehrmals täglich mit Wasser besprüht werden.

Kürbiskerne sollten Sie rund 15 Stunden in Wasser einweichen, bevor sie keimen angesetzt werden. Nach etwa drei Tagen können Sie ernten. Geben Sie die Sprossen in ein mit Wasser gefülltes Gefäß und schöpfen die oben schwimmenden, ungenießbaren Hülsen ab.

• **Zubereitung:** Roh sind Kressesprossen die idealen Würzsprossen für beispielsweise Salate, Rohkostteller, Saucen oder Suppen, wobei bereits wenige Sprossen genügen, um ein Gericht pikant zu würzen. Außerdem sind sie leckere Appetitanreger in Gemüsedrinks.

Kürbiskerne

Die Kürbiskerne werden am besten im Einweckglas gezogen (siehe Seite 13) und können nach drei bis vier Tagen geerntet werden, wenn sich die Sprossen gerade eben zeigen und etwa knapp einen Zentimeter lang sind. Kürbiskerne und -sprossen sind außerordentlich eiweißreich und enthalten viel Zink, Eisen sowie reichlich Vitamine der B-Gruppe.

Kürbissprossen sind sehr ergiebig: Eine Tasse Kürbiskerne ergibt die doppelte Menge Sprossen.

• **Zubereitung:** Die Sprossen schmecken roh als Snack gegen den kleinen Hunger oder als Beilage auf dem Rohkostteller. Sie können sie aber auch trocknen und leicht angeröstet (siehe Seite 19) als schmackhafte Garnierung für Sandwiches, in Rühreiern oder in Suppen verwenden.

Linsen

Linsensamen keimen am besten im Einweckglas (siehe Seite 13) oder auch auf einem Holztablett (siehe Seite 20). Zum Sprossenzüchten verwendet man die grünen oder die kleinen braunen Linsen (am besten aus biologischem Anbau); geerntet wird nach drei bis vier Tagen, wenn die Sprossen etwa die Länge des Samens erreicht haben. Die Sprossen enthalten die Spurenelemente Selen und Mangan sowie viel Vitamin C.

● **Zubereitung:** Mit ihrem anregenden pfefferähnlichen Geschmack sind rohe Linsensprossen eine ideale Zugabe für grünen Salat, Gemüsegerichte oder Rohkostteller. Sie schmecken aber auch zu Käse, in Joghurt- und Quarkzubereitungen und zu erfrischenden Gemüsedrinks. Kurz in Wasser gedünstet und in Butter geschwenkt, sind sie eine ausgezeichnete Gemüsebeilage.

Mais

Maiskörner (am besten schmecken die Sprossen von süßem Mais) keimen problemlos im Einweckglas (siehe Seite 13), im

Die Mungbohne ist die Königin unter den Sprossen. Sie ist äußerst leicht zu ziehen, die Sprossen sind sehr bekömmlich und ihr Geschmack erinnert an junge Erbsen aus dem Garten.

Blumentopf (siehe Seite 21) oder auf einem flachen Holztablett (siehe Seite 20); die Sprossen können nach drei bis vier Tagen geerntet werden. Sie sind reich an Mineralstoffen, Stärke und außerdem Vitamin A sowie E.

● **Zubereitung:** Wie die Maiskörner haben auch die Sprossen einen angenehm süßlichen Geschmack. Kurz gedünstet und in Butter geschwenkt, schmecken sie sehr gut als Gemüsebeilage oder auch als Garnierung von Gemüse- und Fleischgerichten. Getrocknet (siehe Seite 19) eignen sich die Sprossen sehr gut für das Frühstücksmüsli, zu Mehl gemahlen kann man sie gut zum Brotbacken verwenden.

Mungbohnen

Mungbohnen, die häufig auch als Mungobohnen bezeichnet werden, gehören zu den Standardsprossen, da sie gut schmecken und problemlos zu züchten sind. Vor allem in den asiatischen Ländern sind sie neben Alfalfa- und Sojasprossen sehr populär. Sie bekommen die kleinen grünen Samen im Reformhaus, in Bioläden oder auch in Asienshops. Mungbohnen können in allen Behältern gezüchtet werden, sollten jedoch vor dem Quellen warm gewaschen und etwa 15 Stunden lang eingeweicht werden. Dabei muss das Wasser mehrmals ausgetauscht werden, um ein Modern oder Faulen der Bohnen zu verhindern. Auch während des Keimens sollten Sie die Bohnen häufig spülen, und das Wasser muss nach jedem Spülen gründlich ablaufen. Nach drei bis sechs Tagen können die Sprossen geerntet werden. Vor allem für Vegetarier sind Mungbohnensprossen ideal, da sie viel wertvolles pflanzliches Eiweiß enthalten und außerdem reich an B-Vitaminen, besonders an Folsäure, sowie Kalium sind. Sie wirken entwässernd und beugen Blutarmut vor.

● **Zubereitung:** Die Schalen der Mungbohnensprossen schmecken bitter und werden deshalb vor der Zubereitung meistens entfernt. Kurz in Wasser gedämpft und in Butter geschwenkt, ergeben die Sprossen eine vorzügliche Gemüsebeilage.

Die kleinen grünen Samen der Mungbohnen sind bei Sprossenzüchtern sehr beliebt, denn die Sprossen schmecken gut und sind problemlos zu züchten. Man bekommt die Samen im Reformhaus, in Bioläden oder in Asienshops.

Reis

Den ungeschälten braunen Naturreis (am besten aus biologischem Anbau) können Sie gut im Einweckglas (siehe Seite 13) oder auf einem Holztablett (siehe Seite 20) zum Keimen bringen. Die Sprossen sind nach drei bis vier Tagen, bzw. wenn sie Samenlänge erreicht haben, erntereif. Sie enthalten reichlich Niacin (Vitamin B3).

● **Zubereitung:** Die Sprossen haben einen milden, würzigen Geschmack und lassen sich hervorragend mit anderen Sprossen kombinieren. Sie eignen sich roh und gedämpft für alle Gerichte, von der Suppe bis zum Hauptgericht und von der Sauce bis zum Brotteig (dafür die Sprossen zuerst trocknen, rösten und fein zermahlen, siehe Seite 19).

Rettich

Rettichsamen können Sie im Einweckglas (siehe Seite 13) oder, wie Hafer, auf feuchten Papiertüchern zum Keimen bringen. Die Rettichsprossen trocknen aber schnell aus und müssen deshalb

Rettichsamen und -keimlinge erhalten ihren scharfen Geschmack durch schwefelartige Senföle, die entzündungshemmend, desinfizierend und harntreibend wirken. So werden Rettichsprossen zu einem wertvollen Heilmittel.

häufig gespült werden; nach zwei bis drei Tagen sind sie ernte-reif. Rohe Rettichsprossen fördern die Durchblutung und damit die Sauerstoff- und Nährstoffversorgung der Zellen.

● **Zubereitung:** Den scharfen Geschmack der Samen behalten auch die Sprossen bei. Vor allem grüner Salat bekommt durch Rettichsprossen eine würzige Note, ebenso können Suppen, Saucen, Dressings oder Dips sehr gut damit gewürzt werden. Gut schmecken die Sprossen auch in Quark- und Joghurtzube-reitungen oder auf Käsesandwiches.

Roggen

Ursprünglich in Asien oder im Nahen Osten beheimatet, ist die-ses wertvolle Getreide längst auch bei uns unverzichtbarer Be-standteil im Brotteig. Die Roggenkörner sollten möglichst aus biologischem Anbau stammen und sind im Reformhaus oder im Bioladen erhältlich. Sie vertragen alle Keimmethoden und kön-nen nach etwa zwei Tagen geerntet werden, wenn die Sprossen die Länge der Samenkörner erreicht haben. Roggenkörner be-nötigen zum Reifen eine etwas niedrigere Temperatur als ande-re Samen (ideal sind 20 °C) und sind sehr ergiebig: Eine Tasse Körner ergibt ungefähr drei Tassen Sprossen. Da sie reichlich Kohlenhydrate enthalten, schmecken die Sprossen besonders mild und lassen sich deshalb ausgezeichnet mit anderen kombi-nieren (sehr gut passen etwa Weizen- und Linsensprossen). Roggensprossen enthalten reichlich B-Vitamine.

● **Zubereitung:** Roggensprossen sind vielseitig verwendbar und eignen sich roh hervorragend für Salate und im Müsli. Ge-trocknet, geröstet und zu Mehl zermahlen (siehe Seite 19) kön-nen Sie Roggensprossen sehr gut zum Brotbacken verwenden.

Sesam

Die Samen sind bei uns längst populär, jetzt gewinnen auch die Sesamsprossen immer mehr Freunde. Zum Keimen verwenden

Roggensprossen brauchen während ihrer Reifezeit eine etwas niedrigere Temperatur als andere Samen – am besten gedeihen sie bei etwa 20 °C. Sie schmecken sehr mild und können deshalb gut mit anderen Sprossen kom-biniert werden.

Sesam ist eines der ersten kultivierten Lebensmittel der Menschheit. Wichtig: Bei den Sprossen nicht zu lange mit der Ernte warten, da die Sprossen schnell bitter werden.

Sie am besten die ungeschälten Samen, da sie geschält häufig mit Chemikalien behandelt sind; zum Sprossenzüchten eignet sich ein Einweckglas (siehe Seite 13) sehr gut. Nach zwei bis drei Tagen, manchmal auch schon nach einem Tag, wenn die Keime gerade eben aus den Samen herausbrechen, können Sie ernten. Die Sprossen sind reich an wertvollen Nährstoffen und enthalten eine Milch, die noch kalziumreicher ist als Kuhmilch.

● **Zubereitung:** Die Sprossen schmecken roh im Müsli, in Salaten, auf Rühreiern, in Suppen und Saucen, in Milchshakes oder Gemüsesäften und sogar in süßen Nachspeisen. Getrocknet, geröstet und zu Mehl zermahlen (siehe Seite 19), sind die Sprossen auch sehr zum Backen von Brot und Gebäck geeignet.

Sojabohnen

Sojabohnen sind neben den Mungbohnen ein weiterer asiatischer Klassiker. Sie keimen im Einweckglas (siehe Seite 13), im Blumentopf (siehe Seite 21) oder auf dem Holztablett (siehe Seite 20) und müssen zuvor zwölf Stunden eingeweicht werden,

Sojabohnen sind ein äußerst vielseitiges Lebensmittel. Ihr Mehl wird zum Backen verwendet, aus ihnen lässt sich Öl, Milch und Tofu und die nicht weniger bekannte würzige Sojasauce herstellen. Aber auch als Sprossen schmecken sie vorzüglich und entwickeln beim Rösten in der Pfanne ein nussiges Aroma.

wobei das Wasser mehrmals erneuert werden sollte. Auch beim Keimen sollten sie bis zu sechsmal täglich gespült werden, damit sie nicht sauer werden und verderben. Die Sprossen können nach drei bis vier Tagen geerntet werden und sind äußerst ergiebig: Eine Tasse Bohnen ergibt die vierfache Menge Sprossen. Sojabohnen und -sprossen sind die reichsten Eiweißspender im Pflanzenreich und ersetzen ohne weiteres Fleisch, Fisch oder Geflügel, was vor allem für Vegetarier wichtig ist. Sie enthalten außerdem die nervenberuhigenden Lezithin-Inhaltsstoffe Cholin und Inositol sowie reichlich B-Vitamine, Eisen und Kalzium, viel Vitamin C und reichlich hochwertige, mehrfach ungesättigte Fettsäuren.

Verblüffend: Eine halbe Tasse frisch gekeimte Sojasprossen enthält ebenso viel Vitamin C wie vier Orangen.

● **Zubereitung:** Kurz gedämpft und in Butter geschwenkt, sind die Sprossen eine vorzügliche Gemüsebeilage und werden zudem häufig in der asiatischen Küche verwendet. Roh schmecken sie sehr gut auf dem Rohkostteller oder im Salat.

Sonnenblumenkerne

Sonnenblumenkerne keimen am besten im Einweckglas (siehe Seite 13) und werden nach etwa drei Tagen geerntet, wenn die Sprossen gerade gut sichtbar sind; danach werden sie rasch bitter und ungenießbar. Die Qualität der Kerne ist oft unterschiedlich, so dass es ratsam ist, unbehandelte Samen aus biologischem Anbau zu verwenden. Sonnenblumensprossen enthalten reichlich Kalzium, Eisen, Phosphor, Kalium, Magnesium, Kupfer, Selen, Chrom, Mangan, Zink sowie Vitamine der B-Gruppe und Vitamin E. Darüber hinaus macht sie ihr hoher Gehalt an mehrfach ungesättigten Fettsäuren zu einem besonders wertvollen Lebensmittel. Durch ihren milden Geschmack passen Sonnenblumensprossen hervorragend zu Alfalfa, aber auch zu vielen anderen Sprossen.

● **Zubereitung:** Die Sprossen eignen sich roh vorzüglich für Salate, Saucen und Suppen, passen sehr gut zu Käse oder Joghurt- und Quarkzubereitungen, schmecken in Milchgetränken,

Die Körner des Frühlings-weizens werden häufig zum Sprossenzüchten verwendet, und die ersten Sprossen können schon nach 24 Stunden geerntet werden. Je länger die Sprossen reifen, desto süßer werden sie!

auf Sandwiches, in Rühreiern oder im Frühstücksmüsli und können sogar mit Süßigkeiten oder Desserts kombiniert werden. Leicht angeröstet (siehe Seite 19) entwickeln sie ihren feinsten Geschmack.

Weizen

Weizen ist das am häufigsten zum Keimen verwendete Getreide, wobei sich der weiche Frühlingsweizen am besten eignet. Die Weizenkörner werden im Einweckglas (siehe Seite 13) oder auf dem Holztablett (siehe Seite 20) gezogen. Schon nach 24 Stunden kann die erste Ernte eingebracht werden (vor allem zur Herstellung von Gebäck oder Brot sind die einen Tag alten Keimlinge sehr gut geeignet). Und nach zwei bis drei Tagen sind die schmackhaften Sprossen vollständig ausgereift. Weizensprossen sind reich an Eiweiß, Kohlenhydraten, Magnesium, B-Vitaminen und Vitamin E. Sie wirken stoffwechselanregend, stressabbauend und kräftigend in der Wachstumsphase und bei älteren Menschen. Wegen ihres milden Geschmacks lassen sie sich ausgezeichnet mit vielen anderen Sprossen kombinieren.

Keime und Sprossen enthalten eine Menge wertvoller Vitamine, die zum Teil erst während des Keimprozesses gebildet werden. Am besten roh verzehrt sind sie wahre Vitaminbomben.

● **Zubereitung:** Getrocknet, geröstet und fein gemahlen (siehe Seite 19), eignen sich die einen Tag alten Weizenkeimlinge ausgezeichnet zur Herstellung von Gebäck und Brot. Die »ausgewachsenen« Weizensprossen können Sie sehr gut als Beilage zum Rohkostteller oder im Salat verwenden, ebenso in Suppen, Saucen oder Milchgetränken, im Müsli oder für Desserts (ein Tipp von erfahrenen Sprossenzüchtern: Je länger die Sprossen reifen, desto süßer schmecken sie).

Gemüsesprossen

Im Prinzip lassen sich aus allen Pflanzensamen Sprossen züchten, dazu gehören beispielsweise die Samen von Brokkoli, Senf, Rettich, Grünkohl, Rüben, Blumenkohl, Roter Bete, Mangold, Endivien, Rosenkohl oder Lauch (Sie bekommen die Samen von biologisch gezogenem Gemüse im Reformhaus oder im Naturkostladen). Gemüsesprossen haben oft einen intensiven Eigengeschmack und bieten sich deshalb gut zum Mischen mit anderen an, die weniger intensiv schmecken, wie etwa Alfalfa- oder Weizensprossen. Sie keimen problemlos im Einweckglas (siehe Seite 13) und werden je nach Samenart nach drei bis fünf Tagen geerntet. Am letzten Keimtag brauchen die Sprossen reichlich indirektes Licht, um ihre appetitliche grüne Farbe zu bekommen und um ihren vollen Geschmack sowie den höchsten Gehalt an wichtigen Nährstoffen entwickeln zu können. Je nach Pflanze enthalten die Sprossen hochwertiges Eiweiß, reichlich Kohlenhydrate und Ballaststoffe sowie viele Vitamine der B-Gruppe, Vitamin C und Vitamin E, außerdem wertvolle Mineralstoffe und Spurenelemente.

● **Zubereitung:** Roh schmecken die Sprossen hervorragend als Beilage zum Rohkostteller, in Dressings, Dips oder im Salat. Sie können sie, kurz in Wasser gedünstet, als Garnierung in Suppen, Saucen und Hauptgerichte geben; und gedünstet sowie in Butter geschwenkt, ergeben die Sprossen eine schmackhafte und zudem sehr gesunde Gemüsebeilage.

Was manche nicht wissen: Aus vielen Gemüsepflanzensamen lassen sich problemlos Sprossen züchten! Am letzten Keimtag brauchen die Sprossen viel indirektes Licht, damit sie grün werden und all ihre wertvollen Inhaltsstoffe entwickeln können.

Alle Sprossen auf einen Blick

	Quellzeit	Keimzeit	Besonderheit	Küchentipps	Gesundheitstipps
Adzukibohnen	12 Stunden	3–5 Tage	Ernten, wenn die Sprossen ca. 2 Zentimeter lang sind	Roh für Salate, Sandwiches und Rohkost; gedünstet für asiatische Gerichte, Fleischgerichte, Suppen	Reich an Eiweiß, Eisen, Kalzium, Vitamin B3 und Vitamin C; gut für die Nerven bei Stress und zur Abwehr von Infektionen
Alfalfa	5 Stunden	3–5 Tage	2 Tage vor der Ernte in indirektes Licht stellen, damit die Sprossen grün werden	Schmecken roh am besten; ideal für Salate, Sandwiches, Rühreiern, Rohkostteller, Gemüsesäfte, Eintopf- und Gemüsegerichte	Enthalten viel Eiweiß, Folsäure, Zink, Magnesium; als »Multivitaminbombe« gutes Aufbau- und Kräftigungsmittel für Kinder und ältere Menschen
Bohnen	Über Nacht	2–3 Tage	Häufig spülen; großflächig auf einem flachen Holztablett ausbreiten	Ideal in Kombination mit anderen Bohnensprossen; zerkleinert in Suppen, Saucen, Gemüse- und Fischgerichte, Salate und Dressings mischen, auf Käsebrötchen geben	Vorzügliche Eiweißspender für Vegetarier; wirken entwässernd, regen die Darmtätigkeit an
Erbsen	12 Stunden	3–4 Tage	Ernten, wenn die Sprossen Samenlänge erreicht haben	Roh für Salate, Suppen, Saucen, Rohkostteller, kalte Gerichte	Reich an Eiweiß, Kohlenhydraten, Vitaminen, Mineralstoffen, Spurenelementen und Ballaststoffen (bei Darmträgheit oder Verstopfung)
Gerste	12 Stunden	3–4 Tage	Ernten, wenn die Sprossen Samenlänge erreicht haben	Roh ideal für Salate, Suppen, Müslis; getrocknet, geröstet und zu Mehl gemahlen zum Backen von Gebäck und Brot	Reich an Kalzium (für Knochenbau und Zähne), Kalium (entwässernd und blutdrucksenkend), B-Vitaminen und Spurenelementen

	Quellzeit	Keimzeit	Besonderheit	Küchentipps	Gesundheitstipps
Hafer	Keine	3–4 Tage	Die Samen ohne Vorquellen auf feuchtem Papier ausbreiten und in einer Plastiktüte keimen lassen; während des Keimens häufig besprühen	Roh im Müsli; geröstet und zermahlen zum Brotbacken; mit Butter verfeinert als Gemüsebeilage	Enthalten viel »Nerven«-vitamin B1 sowie andere B-Vitamine; aktivieren den Stoffwechsel
Hirse	8 Stunden	3–4 Tage	Samen aus biologischem Anbau verwenden	Schmecken leicht süßlich; gedünstet ideal für Suppen und Saucen oder als Gemüsebeilage; roh im Müsli; getrocknet, geröstet und fein zermahlen zum Brotbacken	Reich an Vitamin B2 (für Zellatmung, Vitalität, Haut, Haare, Augen)
Klee	4–6 Stunden	3–5 Tage	Die Sprossen bei 1 Zentimeter Länge ins indirekte Licht stellen, damit sie grün werden	Roh für Sandwiches, Rohkostteller, Salate oder als kleiner Vitalsnack; ideale Würzgarnierung für Saucen, Dressings, Dips, Mayonnaisen; guter Ersatz für Alfalfasprossen	Reich an Magnesium (gegen Müdigkeit, Gedächtnisschwäche, Alterserscheinungen)
Kresse	3–4 Stunden	4–5 Tage	Auf feuchtem Papier ausbreiten und in einer Plastiktüte keimen lassen; während des Keimens häufig besprühen; nach 2 Tagen ins indirekte Licht stellen, damit die Sprossen grün werden	Sehr würzig; ideal für Salate, Rohkostteller, Saucen, Suppen, als Appetitanreger in Gemüsedrinks	Reich an Vitamin C (gegen Infektionen, für Bindegewebe, Hormone) und Vitamin A (für Schleimhäute)

	Quellzeit	Keimzeit	Besonderheit	Küchentipps	Gesundheitstipps
Kürbiskerne	8 Stunden	3–4 Tage	Bilden keine langen Sprossen aus, deshalb nicht zu spät ernten	Getrocknet und geröstet sehr schmackhaft auf Sandwiches, in Rühreiern, in Salaten; roh gut als Snack oder zu Rohkost	Reich an Eiweiß, Vitamin B, Zink (für Bindegewebe, Hormone) und Eisen (für Zellatmung, gegen Müdigkeit)
Linsen	12 Stunden	3–4 Tage	Biologisch angebaute Linsen verwenden; ernten, wenn die Sprossen Samenlänge erreicht haben	Feinwürziger Geschmack; roh ideal in Gemüsedrinks, Salaten, Rohkost, Gemüsegerichten; gut zu Käse, Joghurt und Quark; gedünstet eine feine Gemüsebeilage	Enthalten viel Selen (für Immunsystem), Mangan (für Vitalität) und Vitamin C (gegen Müdigkeit und zur Abwehr von Infektionen)
Mais	12 Stunden	3–4 Tage	Am besten süßen Mais verwenden; kann mit kürzeren oder längeren Sprossen geerntet werden	Feiner, unaufdringlich süßer Geschmack; gegart gut als Gemüsebeilage oder zur Garnierung von Gemüse- und Fleischgerichten; roh köstlich im Müsli; getrocknet und zermahlen zum Backen geeignet	Enthalten reichlich Kohlenhydrate, Mineralstoffe sowie die Vitamine A und E
Mungbohnen	15 Stunden	3–6 Tage	Beim Einweichen das Wasser häufig wechseln; Keime oft spülen	Die bitteren Schalen vor der Zubereitung entfernen; leicht gedünstet eine feine Gemüsebeilage	Reich an Kalium (entwässernd), Eiweiß, B-Vitaminen (vitalisierend) und Folsäure (gegen Blutarmut)
Reis	12 Stunden	3–4 Tage	Ernten, wenn die Sprossen Samenlänge erreicht haben	Schmecken sehr mild, lassen sich deshalb gut mit fast allen anderen Sprossen kombinieren	Enthalten sehr viel Niazin (Vitamin B3) gegen Müdigkeit und zur Stimmungsaufhellung
Rettich	4–6 Stunden	2–3 Tage	Ins indirekte Licht stellen, wenn sie $1/2$ Zentimeter lang sind; häufig spülen	Sehr würziger Geschmack; ideal als Salzersatz für Suppen, Saucen, Dressings, Dips, Quark- und Joghurtzubereitungen oder Käsesandwiches	Wirken durchblutungsfördernd, deshalb gut bei Herzschwäche, Müdigkeit, Neigung zu Krampfadern, Venenschwäche

	Quellzeit	Keimzeit	Besonderheit	Küchentipps	Gesundheitstipps
Roggen	12 Stunden	ca. 2 Tage	Keime nicht zu warm stellen (ideal: 20 °C)	Milder Geschmack; Sprossen lassen sich gut mit anderen Sorten mischen; roh sehr gut im Salat und im Müsli; getrocknet, geröstet und zu Mehl zermahlen zum Backen von Brot und Gebäck geeignet	Sehr reich an B-Vitaminen und sättigenden Kohlenhydraten
Sesam	4–6 Stunden	1–3 Tage	Ungeschälte Samen verwenden; rechtzeitig ernten, da die Sprossen bald bitter werden	Vorzüglich in Milch- und Gemüsedrinks, im Müsli, zum Brotbacken; schmackhafte Garnierung für Suppen, Saucen, Salate, Rühreiern und Desserts	Enthalten reichlich Kalzium und Spurenelemente; wirken ausgleichend bei Stress und Nährstoffdefiziten
Sojabohnen	12 Stunden	3–4 Tage	Einweichwasser mehrmals erneuern; beim Keimen bis zu sechsmal täglich spülen; sehr ergiebig	Gedämpft gut als Gemüsebeilage und in asiatischen Gerichten; roh im Salat oder zu Rohkost	Reich an Eiweiß, nervenberuhigendem Lezithin, Vitamin C (zur Abwehr von Infektionen), B-Vitaminen, Eisen, Kalzium und hochwertigen Fettsäuren
Sonnenblumenkerne	8 Stunden	3 Tage	Samen aus biologischem Anbau verwenden; ideal in Kombination mit Alfalfa	Leicht geröstet vorzüglich zu Käse, Joghurt, Quark, Milchgetränken, Salaten, Suppen, Saucen, auf Sandwiches, in Rühreiern oder im Müsli, zu Süßigkeiten oder zum Nachtisch	Reich an Eisen, Selen, Chrom, Zink, Kalzium, Phosphor, Kalium und Magnesium sowie an B-Vitaminen, Vitamin E und mehrfach ungesättigten Fettsäuren
Weizen	12 Stunden	1–3 Tage	Sprossen werden nach dem ersten Tag immer geschmacksintensiver	Roh für Müsli, Rohkostteller, Salate, Milchgetränke, Desserts, Suppen und Saucen; getrocknet, geröstet und gemahlen zum Backen von Brot und Gebäck	Enthalten reichlich Eiweiß, Kohlenhydrate, B-Vitamine (stoffwechselanregend), Vitamin E und Magnesium (wichtig bei Stress, im Wachstum oder als Kräftigung für Kinder und ältere Menschen)

Keimlinge und Sprossen sind sehr vielseitig in der Küche zu verwenden.

Rezepte mit Sprossen und Keimen

Frühstücksideen mit Pfiff

Vom Müsli bis zum deftigen Brunch – hier finden Sie Schmackhaftes für den Einstieg in den Tag. Und dass ein Körnerfrühstück nicht wie Blei im Magen liegen muss, beweisen Ihnen die folgenden Rezepte.

Egal, ob Hirse-, Sonnenblumen- oder andere Sprossen – sie schmecken gut, geben Energie und halten Sie gesund.

Hirsemüsli

Für 4 Personen

- 2 Tassen gekeimte Hirse
- 1 Tasse Haferflocken
- 2 EL Apfelsaft
- 2 EL Sonnenblumenkerne
- 1 EL Sesammus
- 1 kleine Banane
- 1 kleiner Apfel
- 4 EL Sojasahne, Joghurt oder saure Sahne
- 4 TL Ahornsirup, Fruchtzuckersirup oder Honig

■ *Keimzeit: 3 Tage*
  Zubereitungszeit:
  5 Minuten

1 Hirse nach Anweisung keimen lassen.
2 Haferflocken in ein Schälchen geben und mit dem Apfelsaft beträufeln.
3 Sonnenblumenkerne und Sesammus zufügen und sorgfältig verrühren.
4 Banane und Apfel in kleine Würfel schneiden, zur gekeimten Hirse geben und vermischen.
5 Nach Wahl Sojasahne, Joghurt oder saure Sahne auf dem Müsli verteilen und mit dem Süßmittel nach Wahl süßen.

Tipp Ungeschälte Hirse kalt waschen und etwa 8 Stunden in klarem Wasser einweichen. Danach bei 21 °C 3 Tage lang in einem Glas keimen lassen. 2- bis 3-mal täglich mit frischem Wasser spülen.

Hirsesprossen schmecken leicht süßlich, sind gut verdaulich und enthalten reichlich Vitamin B2. Hirsesamen bekommen Sie im Bioladen oder im Reformhaus.

Müsli mit Sonnenblumensprossen

1 Sonnenblumenkerne nach Anweisung keimen lassen. Mit Rosinen und Gerstenflocken in ein Schälchen geben und mit der Milch übergießen.

2 Banane in kleine Würfel schneiden, den Apfel fein raspeln, mit dem Zitronensaft und dem Süßmittel nach Wahl zum Müsli geben und verrühren.

Tipp Die geschälten Sonnenblumenkerne 12 Stunden in klarem Wasser einweichen. Bei mindestens 21 °C bis maximal 30 °C höchstens 2 Tage lang in einem Glas keimen lassen. 2- bis 3-mal täglich mit frischem Wasser spülen.

Für 4 Personen

- 2 Tassen Sonnenblumen-sprossen
- 3 EL Rosinen
- 2 Tassen Gerstenflocken
- 4 EL erwärmte Milch oder Sojamilch
- 1 kleine Banane
- 1 kleiner Apfel
- 1 TL Zitronensaft
- 4 TL Ahornsirup, Fruchtzucker-sirup oder Honig

■ *Keimzeit: Maximal 2 Tage*
  Zubereitungszeit:
  5 Minuten

Weizenkeimmüsli

1 Den Weizen, am besten Sprießkornweizen aus dem Reformhaus, nach Anleitung keimen lassen.
2 Die Sprossen mit Rosinen, Sonnenblumenkernen, Lein-

samen und der Flüssigkeit nach Wahl vermischen.
3 Die Äpfel fein reiben und zusammen mit dem gewaschenen und zerkleinerten Obst unterheben.

Tipp Sprießkornweizen waschen und 12 Stunden in klarem Wasser einweichen. Bei 18 bis 20 °C 3 Tage lang in einem Glas keimen lassen. 2-mal täglich mit frischem Wasser spülen.

Variante Statt Weizen können Sie nach Geschmack auch Roggen, Gerste oder Hafer verwenden, oder Sie nehmen gemischtes Getreide. Dann sollten Sie allerdings die einzelnen Getreidesorten immer getrennt keimen lassen, da sie unterschiedliche Keimzeiten haben. Achten Sie wie bei allen Produkten, die zum Keimen verwendet werden, besonders auf Qualität. Verletzte Körner können meist nicht mehr keimen, sondern verschimmeln und verderben auch die übrigen Samen.

Für 4 Personen

- 200 g gekeimter Weizen
- 4 EL Rosinen, überbrüht
- 1 EL Sonnenblumenkerne
- 1 EL Leinsamen, geschrotet
- 1 Tasse Soja- oder Reismilch, Milch, Sahne oder Joghurt
- 2 Äpfel
- 200 g Obst nach Jahreszeit

■ *Keimzeit: 2–3 Tage*
  Zubereitungszeit:
  5 Minuten

Für 4 Personen

- 1 Tasse Sonnenblumen-
  sprossen
- 1 Tasse Weizensprossen
- 1/2 Tasse Gerstensprossen
- 1 Tasse Rosinen
- 1/2 Tasse Haselnüsse
- 1 EL Zitronensaft
- 2 Bananen
- 1 EL Lezithin, flüssig

■ *Keimzeit für Kerne und*
  Getreide: 2–3 Tage
  Einweichzeit: 12 Stunden
  Zubereitungszeit:
  5 Minuten

Für 4 Personen

- 1 Tasse Hafersprossen
- 1/2 Tasse Gerstensprossen
- 4 ungeschwefelte Aprikosen
- 4 Datteln
- 2 EL Mandelstifte
- 2 EL Haselnüsse
- 1 kleine Tasse Haferflocken
- 1 EL Zitronensaft
- 1 Banane
- 1 Apfel
- 8 EL Schlagsahne
- 4 EL Ahornsirup
- 4 EL Beeren nach Jahreszeit

■ *Keimzeit für Getreide:*
  2–3 Tage
  Einweichzeit: 12 Stunden
  Zubereitungszeit:
  10 Minuten

Powerfrühstück

1 Sonnenblumenkerne, Weizen und Gerste getrennt nach Anleitung keimen lassen.

2 Rosinen und Haselnüsse getrennt mit Wasser bedeckt über Nacht einweichen lassen.

3 Am nächsten Tag die Sonnenblumen-, Weizen- und Gerstensprossen in einer Schale vermischen.

4 Die Haselnüsse abseihen, die Rosinen mit dem Einweichwasser zufügen und alles vermischen.

5 Das Müsli mit dem Zitronensaft abschmecken.

6 Bananen abziehen, klein würfeln und zusammen mit dem Lezithin unter das Müsli mischen.

Variante Nur 1 Banane nehmen und zusätzlich klein gewürfeltes Obst nach Jahreszeit hinzufügen. Das Müsli mit Sojasahne oder saurer Sahne verfeinern.

Schlemmermüsli

1 Hafer und Weizen getrennt nach Anleitung keimen lassen.

2 Aprikosen und Datteln, Mandeln und Haselnüsse in jeweils einem Schälchen mit Wasser bedeckt über Nacht einweichen.

3 Am nächsten Tag die Hafer- und Gerstensprossen in einer Schale vermischen.

4 Die Trockenfrüchte klein schneiden und mit dem Einweichwasser zufügen.

5 Die Haselnüsse klein hacken und mit den Mandelstiften zugeben. (Das Einweichwasser für eine Suppe oder Sauce aufheben!)

6 Die Haferflocken zufügen. Alles gründlich verrühren und mit dem Zitronensaft abschmecken.

7 Die Banane abziehen sowie klein würfeln, den Apfel reiben und beides untermischen.

8 Das Müsli auf 4 Stielgläser verteilen, die Schlagsahne darauf verteilen und den Ahornsirup darüber träufeln. Mit den Beeren verzieren.

Extraenergiefrühstück

Für 4 Personen

1 Die Kürbis- und Sonnenblumenkerne, Gerste, Hafer und Buchweizen getrennt nach Anleitung keimen lassen.
2 Die gekeimten Kürbiskerne, die Sonnenblumensprossen sowie die Datteln klein hacken, in eine Müslischale geben und zur Seite stellen.
3 Gersten-, Hafer- und Buchweizensprossen mit Mandelmus, Zitronensaft und Sahne im Mixer oder mit dem Pürierstab fein bis grob pürieren.

4 Die Banane abziehen und klein würfeln. Mit den pürierten Zutaten zu den vorbereiteten Zutaten geben und das Ganze sorgfältig verrühren.
5 Die Avocado schälen, den Kern herauslösen und das Fruchtfleisch in Streifen schneiden.
6 Das Müsli auf 4 Schälchen verteilen, das Lezithingranulat darüber streuen, mit den Avocadostreifen verzieren und den Sanddornsaft darüber träufeln.

Variante Statt der Gerstensprossen können Sie auch gekeimten Roggen verwenden.

Info Dunkelgrüne Kürbiskerne aus der Steiermark eignen sich am besten zum Keimen. Nachdem sie 12 Stunden eingeweicht wurden, bei 21 °C höchstens 3 Tage lang im Dunkeln keimen lassen und 2-mal täglich mit frischem Wasser spülen.
Hafer und Kürbiskerne sind reich an leicht verdaulichem Protein, das schnell Energie liefert. Die ungesättigten Fettsäuren der gekeimten Kürbiskerne stärken außerdem das Herz, was durch den Vitamin-A-, E- und -B-Komplexanteil noch unterstützt wird. Zink, Eisen, Phosphor, Magnesium und Kalium sind besonders in der vegetarischen Ernährung eine wichtige Ergänzung. Während der Keimzeit bilden sich darüber hinaus noch wertvolle Enzyme und Hormone in den Kernen. Als blasenstärkend sind Kürbiskerne längst bekannt. Es gibt also viele gute Gründe, die Kürbiskerne in den Ernährungsplan einzubauen, ganz besonders in gekeimtem Zustand.

- 1 Tasse Kürbiskerne, gekeimt
- 1/2 Tasse Sonnenblumensprossen
- 80 g Datteln
- 1/2 Tasse Gerstensprossen
- 1/2 Tasse Hafersprossen
- 1/2 Tasse Buchweizensprossen
- 1 EL Mandelmus
- 1 EL Zitronensaft
- 4 EL Sahne
- 1 Banane
- 1/2 Avocado
- 3 EL Lezithingranulat
- 4 EL Sanddornsaft

■ *Keimzeit für Kerne und Getreide: 2–3 Tage Zubereitungszeit: 10 Minuten*

Für 4 Personen

- 2 Tassen gekeimter Weizen
- 125 g saure Sahne
- 1 EL Lezithin, flüssig
- 1 Tasse Hirseflocken
- 1 Frühlingszwiebel
- 1 Möhre
- 1 kleine Gurke
- 4 EL Sonnenblumensprossen
- 2 EL gehackte Gartenkräuter

■ *Keimzeit für den Weizen: 2–3 Tage*
Zubereitungszeit: 10 Minuten

Für 4 Personen

- 1/2 l Gemüsebrühe
- 1 großes Blatt Dulsealge
- 1 Pastinake oder Möhre
- 1 kleine Zucchini oder Gurke
- 1 Frühlingszwiebel
- 1/4 Tasse Gerstensprossen
- 1/4 Tasse Hafersprossen
- 1/2 Tasse Kürbiskerne, gekeimt
- 1/2 Tasse Sonnenblumen-sprossen
- 1 EL Erdnussöl
- 1 EL Lezithin, flüssig
- 1 EL gehackte Gartenkräuter

■ *Keimzeit für Kerne und Getreide: 2–3 Tage*
Zubereitungszeit: 10 Minuten

Pikantes Energiefrühstück

1 Den Weizen, am besten Sprießkornweizen aus dem Reformhaus, nach Anleitung keimen lassen.

2 Die Weizensprossen mit der sauren Sahne, Lezithin und den Hirseflocken vermischen.

3 Die Frühlingszwiebel klein schneiden, Möhre und Gurke fein reiben und alles gut vermischen.

4 Auf 4 Schälchen verteilen und mit den Sonnenblumen-sprossen und Kräutern verzieren.

Tipp Sprießkornweizen waschen und 12 Stunden in klarem Wasser einweichen.

Frühstückssuppe

1 Die Gemüsebrühe mit der Dulsealge zum Kochen bringen, die Alge herausnehmen und klein schneiden.

2 Die Pastinake oder Möhre grob raspeln, die Zucchini oder Gurke in kleine Würfel schneiden. Die Frühlingszwiebel klein schneiden.

3 Gemüse und Getreidesprossen in die Brühe geben und kurz bei geringer Hitze garen.

4 Inzwischen die übrigen Sprossen klein hacken. Die Suppe von der Platte nehmen und die gehackten Sprossen sowie die klein geschnittene Dulsealge zufügen.

5 Öl und Lezithin mit einem Schneebesen unterrühren, die Suppe auf 4 Teller oder Suppentassen verteilen und mit den fein gehackten Kräutern bestreuen.

Variante Statt Dulsealgen können Sie auch Hijiki- oder Aramealgen verwenden. Algen sollten in kleinen Mengen, aber dafür regelmäßig beim Kochen verwendet werden. Sie sorgen für das stoffwechselfördernde Spurenelement Jod, das in natürlicher Form leider viel zu selten gegessen wird. Algen sind insgesamt reich an Mineralstoffen sowie Spurenelementen und ergänzen das reiche Nährstoffangebot aus den Keimen und Sprossen.

Pikante Hirseküchlein

1 Die Hirsesprossen mit dem Lezithin, Salz, der abgezogenen, klein gewürfelten Zwiebel und dem Majoran mit einem Pürierstab zerkleinern. Die Masse mit den Händen verkneten und Küchlein daraus formen.

2 Das Öl in einer Pfanne erhitzen, portionsweise die kleinen Küchlein hineingeben und auf beiden Seiten knusprig ausbacken. Mit Alfalfa-, Rettich- oder Bockshornkleesprossen servieren.

Variante Einige geriebene Kartoffeln unter die Masse mischen.

Tipp Wer nicht gerne Süßes zum Frühstück mag, wird mit diesen pikanten Hirseküchlein gut in den Tag starten können. Sie eignen sich auch bestens zu einem reichhaltigen Brunch oder einer leichten Zwischenmahlzeit.

Für 4 Personen

- 500 g Hirsesprossen
- 1 EL Lezithin, flüssig
- 2 Messerspitzen Salz
- 1 Zwiebel
- 1/2 TL Majoran
- 4 EL Olivenöl
- 4 EL Alfalfa-, Rettich- oder Bockshornkleesprossen

■ *Keimzeit für die Hirsesprossen: 3 Tage*
Zubereitungszeit:
5 Minuten
Ausbackzeit: 10 Minuten

Sprossen innen und außen – vielseitig lassen sie sich verwenden. Die Hirsesprossen für die Küchlein zeichnen sich besonders wegen ihres hohen Gehaltes an Kieselsäure aus, die Haut, Haare und Nägel kräftigt.

Kerngesunde Snacks

Kleinigkeiten für zwischendurch oder für den kleinen Hunger am Abend – folgende Snacks sind schnell zubereitet, schmecken köstlich und sind außerdem auch noch gesund.

Sprossentoast

Für 4 Personen

- 4 Scheiben Vollkorntoast
- 1 EL Butter
- 2 Tomaten
- 4 Champignons
- Kräutersalz, Pfeffer
- Basilikum
- 4 EL Mungbohnensprossen
- 50 g geriebener Käse

■ *Vorbereitungszeit: 3 Minuten*
Zubereitungszeit: 15 Minuten

1 Die Brotscheiben toasten und jeweils dünn mit Butter bestreichen.
2 Die Tomaten und Champignons waschen, in Scheiben schneiden, den Toast damit belegen; salzen und pfeffern.
3 Das Basilikum waschen, trockenschleudern und die Blätter klein schneiden.
4 Die Basilikumblättchen mit den Mungbohnensprossen auf dem Toast verteilen und den geriebenen Käse darüber streuen.
5 Die Toastscheiben im heißen Backofen bei 220 °C (Gas, Stufe 4–5) kurz überbacken, bis der Käse geschmolzen ist.

Sprossentoast mit Tofu

Für 4 Personen

- 4 Scheiben Vollkorntoast
- 8 Scheiben Räuchertofu
- Etwas Butter
- Je 4 EL Rettich- und Alfalfakeimlinge
- 2 zerdrückte Knoblauchzehen
- Kräutersalz, Pfeffer

■ *Vorbereitungszeit: 3 Minuten*
Zubereitungszeit: 5 Minuten

1 Toastbrot aufbacken, mit Butter bestreichen und mit den Tofuscheiben belegen.
2 Darauf die Rettich- und Alfalfakeime verteilen, mit Knoblauch, Salz und Pfeffer würzen.

Variante Die Toasts außerdem mit je 1 Scheibe Käse belegen und kurz im Ofen überbacken, bis der Käse geschmolzen ist.

Tipp Tofu wird aus Sojabohnen hergestellt und ähnelt im Aussehen festem Quark. Er enthält reichlich hochwertiges Eiweiß, was besonders für Vegetarier wichtig ist, keinerlei Cholesterin und nur wenig Fett. Weißer Tofu besitzt wenig Eigengeschmack und kann deshalb sehr gut mit vielen Lebensmitteln kombiniert werden.

Gefüllte Gurkenstücke

1 Die Gurke waschen, trocknen, die Enden abschneiden und die Gurke in etwa 4 gleich große Stücke teilen.

2 Jedes Gurkenstück mit einem Löffel aushöhlen, dabei einen etwa 1/2 Zentimeter dicken Rand stehen lassen. (Das Ausgehöhlte für Gemüsesaft, Suppe, Salat oder eine Gurkenmaske verwenden.)

3 Den Frischrahmkäse in ein Schälchen geben, die Knoblauchzehe dazudrücken. Sprossenmix klein hacken, zufügen; das Ganze mit Pfeffer abschmecken und verrühren.

4 Die Gurkenstücke mit der Masse füllen und mit den gehackten Sonnenblumensprossen bestreuen. Mit Vollkorntoast servieren.

Tipp Die Salatgurke sollte möglichst aus biologischem Anbau sein, da die Schale mitgegessen wird. Für den Sprossenmix können Sie Sprossen, die Sie besonders mögen, miteinander kombinieren. (Sehen Sie dazu Seite 76ff. sowie Seite 40ff.)

Für 4 Personen

- 1 Salatgurke
- 250 g Kräuter-Frischrahmkäse
- 1 Knoblauchzehe
- 1 Tasse Sprossenmix
- 1/2 Tasse Sonnenblumensprossen
- Pfeffer aus der Mühle

■ *Vorbereitungszeit:*
  5 Minuten
  Zubereitungszeit:
  15 Minuten

Gefüllte Paprika mit Hüttenkäse

1 Die Paprikaschoten waschen, halbieren und vom Kerngehäuse befreien.

2 Den Hüttenkäse mit Kräutersalz, Pfeffer und der zerdrückten Knoblauchzehe würzen. Die Sprossenmischung klein schneiden und unterheben.

3 Die Käse-Sprossen-Masse in die vorbereiteten Paprikahälften füllen.

4 Die Paprikahälften auf jeweils zwei Salatblättern anrichten und mit den Sonnenblumensprossen bestreut servieren.

Für 4 Personen

- 2 große rote Paprikaschoten
- 400 g Hüttenkäse
- Kräutersalz, Pfeffer
- 1 Knoblauchzehe
- 2 Tassen Sprossenmischung
- 8 Salatblätter
- Sonnenblumensprossen zum Garnieren

■ *Zubereitungszeit:*
  10 Minuten

Tipp Paprikaschoten sind äußerst gesund: Vor allem im Winter helfen sie bei der Abwehr von Erkältungen, denn sie enthalten noch mehr Vitamin C als Orangen. Außerdem sind sie reich an Vitamin A, enthalten viel Kalium und etwas Vitamin B6.

Für 4 Personen

- 250 g Weizensprossen
- 250 g Vollkornmehl
- 1 Päckchen Trockenhefe
- 1 TL Salz
- 1 EL Lezithin, flüssig

Belag:

- 8 Tomaten
- 4 Knoblauchzehen
- 4 EL Olivenöl
- Salz, Pfeffer aus der Mühle
- 4 TL Oregano
- Öl für das Blech

■ *Keimzeit für die Weizen-
sprossen: 3 Tage
Zubereitungszeit:
25 Minuten
Ruhezeit: 30 Minuten
Backzeit: 10 Minuten*

Pizzabrot

1 Die Weizensprossen im Mixer fein pürieren.

2 Aus dem Vollkornmehl, den pürierten Sprossen, Hefe, Salz, Lezithin und 250 Milliliter lauwarmem Wasser einen kompakten Hefeteig bereiten (je nach Wassergehalt der Sprossen entweder etwas mehr Wasser oder noch etwas Mehl zufügen). Den Teig zudecken und an einem warmen Platz 30 Minuten gehen lassen.

3 Anschließend den Teig auf einer bemehlten Fläche zu einer Rolle formen, in 4 Teile portionieren und diese dann zu Kugeln formen.

4 Ein Backblech einölen. Die Teigkugeln auf 20 Zentimeter Durchmesser ausrollen, auf das Backblech legen und kurz gehen lassen.

5 Inzwischen die Tomaten häuten, würfeln und auf die Pizzaböden verteilen.

6 Den Knoblauch abziehen und auf die Tomaten drücken. Das Öl darüber träufeln und Salz, Pfeffer und Oregano darüber streuen.

7 Schließlich den Backofen auf 220 °C (Gas, Stufe 4–5) vorheizen und die Pizzabrote darin in etwa 10 Minuten knusprig backen.

Für 4 Personen

- 2 Tassen Getreidesprossen nach Wahl (Weizen, Hafer, Gerste)
- 4 EL Mehl
- 1 EL Sojalezithin, flüssig
- 1/2 TL Majoran
- 1/2 TL Salz
- 4 EL Olivenöl

■ *Zubereitungszeit:
25 Minuten
Ruhezeit: 30 Minuten*

Sprossenomelett vegan

1 Die Sprossen im Mixer oder mit dem Mixstab in einem Becher fein pürieren.

2 Mehl, 4 Esslöffel Wasser, Lezithin, Majoran und Salz zufügen und alles zu einem glatten Teig verrühren (je nach Wassergehalt der Sprossen entweder etwas mehr Wasser oder noch etwas Mehl zufügen). Den Teig 30 Minuten ruhen lassen.

3 Jeweils 1 Esslöffel Öl in einer Pfanne erhitzen und aus dem Teig nacheinander 4 Omeletts von beiden Seiten in einigen Minuten goldgelb backen. Die Omeletts im Backofen warm stellen, bis alle fertig gebacken sind.

4 Die Omeletts nach Belieben mit einer süßen oder pikanten Füllung bestreichen, zusammenrollen und servieren.

Die Rettichsprossen geben der Füllung ein scharfes Aroma. Wenn Sie es nicht so gerne scharf mögen, verwenden Sie einfach weniger davon.

Gefüllte Tomaten

1 Die Tomaten waschen, trocknen und jeweils eine Kappe abschneiden.

2 Kapern und die Essiggurke klein hacken und in ein Schälchen geben.

3 Den geriebenen Käse zufügen und den Räuchertofu in sehr kleine Streifen schneiden.

4 Die Rettichsprossen sowie Alfalfakeimlinge klein hacken und mit der Mayonnaise und den übrigen Zutaten zufügen. Alles gut verrühren.

5 Die Masse in die Tomaten füllen, die Kappen aufsetzen; dann die Tomaten mit einigen kleinen Mayonnaisetupfern als Fliegenpilze verzieren.

Für 4 Personen

- 4 Tomaten
- 1 EL Kapern
- 1 kleine Essiggurke
- 50 g geriebener Käse
- 50 g geräucherter Tofu
- 2 EL Rettichsprossen
- 2 EL Alfalfakeimlinge
- 3 EL Mayonnaise

■ *Zubereitungszeit: 10 Minuten*

Tipp Die gefüllten Tomaten mit einem gebutterten Vollkorntoast servieren, zu einer Rohkostplatte, Getreidesalaten oder zum kalten Buffet reichen.

Für 4 Personen

- 200 g Dinkelsprossen
- 100 g Weizenmehl, Type 405
- 1/2 TL Backpulver
- 1 EL Sojalezithin, flüssig
- 1 TL Salz
- 50 g Sesamsprossen
- 10 g Schwarzkümmelsamen
- 3–4 EL Erdnussöl zum Ausbacken

Füllung:
- 1 kleiner Chinakohl
- 500 g Sojasprossen
- Je 1 rote und grüne Paprika
- 4 Shiitakepilze
- 1 Bund Koriander
- 2 EL Kräuterknoblauchöl
- 1 EL Sojasauce
- Pfeffer aus der Mühle

■ *Zubereitungszeit:*
15 Minuten
Garzeit: 15 Minuten

Gefüllte Sesampfannkuchen

1 Die Dinkelsprossen im Mixer oder mit dem Pürierstab fein pürieren und in eine Rührschüssel geben.

2 Mehl, Backpulver, 250 Milliliter Wasser, Lezithin und Salz zufügen. Alles mit einem Handrührgerät oder in der Küchenmaschine zu einem zähflüssigen Teig verrühren und zur Seite stellen.

3 Für die Füllung den Chinakohl waschen und in Streifen schneiden.

4 Die Sojasprossen in eine Schüssel mit Wasser legen. Die aufsteigenden Sprossen und Teile abschöpfen, den Rest abseihen.

5 Die Paprikaschoten waschen, entkernen und in Stifte schneiden.

6 Die Shiitakepilze putzen und in Streifen schneiden.

7 Den Koriander waschen und klein hacken, einige Blättchen zum Verzieren aufheben.

8 Das Öl erhitzen und zunächst die Pilze darin anbraten. Chinakohl, Paprikastreifen und die Sojasprossen zufügen und unter ständigem Rühren 5 Minuten garen. Das Gemüse mit Sojasauce und Pfeffer abschmecken und warm stellen.

9 Den Pfannkuchenteig nochmals kräftig durchrühren. Jeweils 1 Esslöffel Öl in einer Pfanne erhitzen und nacheinander kleine, dünne Pfannkuchen ausbacken; dabei vor dem Wenden jeweils einige Sesamsprossen und Schwarzkümmelsamen darüber streuen.

10 Die Gemüsefüllung mit dem geschnittenen Koriandergrün vermischen.

11 Auf die unbestreute Seite von jeweils einem Pfannkuchenviertel etwas Gemüse geben, die Pfannkuchen zweimal zusammenklappen und mit den restlichen Korianderblättchen verzieren.

Info Dinkel ist eine Weichweizenart, die früher weitläufig angebaut wurde, dann lange Zeit in Vergessenheit geriet und erst vor einigen Jahren wieder entdeckt wurde. Unreif geernteter Dinkel wird als Grünkern angeboten. Dinkelkörner enthalten reichlich Vitamine der B-Gruppe sowie viele wertvolle Mineralstoffe.

Fladenbrote

Für 8 Personen

- 250 g gemischte Getreide-sprossen
- 250 g Mehl, Type 1050
- 2 TL Ghee oder Öl
- 1 EL Lezithin, flüssig
- 2 Messerspitzen Salz

■ *Keimzeit für die Getreide-sprossen: 2–3 Tage*
Ruhezeit für den Teig:
30 Minuten
Backzeit: 10 Minuten

1 Die Sprossen mit 100 Milli-liter Wasser im Mixer oder mit dem Mixstab fein pürieren und in eine Rührschüssel geben.

2 Mehl, Ghee oder Öl, Lezithin und Salz zufügen und alles zu einem Teig verkneten – bei Bedarf noch etwas Mehl oder Wasser zufügen, bis ein ge-schmeidiger Teig entsteht.

3 Den Teig mit einer Haushalts-folie abdecken und 30 Minuten ruhen lassen.

4 Den Brotteig zu einer ca. 5 Zentimeter dicken Rolle for-men, in 8 Portionen aufteilen und diese zu Kugeln formen. Die Kugeln auf bemehlter Flä-che zu Fladen von ca. 12 Zen-timeter Durchmesser ausrollen.

5 Ein ungefettetes Blech auf den Grillrost legen und heiß werden lassen.

6 Die Fladen knusprig backen; dabei einige Male wenden und mit einem Pfannenheber auf die entstehenden Blasen drücken, damit die Luft entweichen kann und die Fladen gleichmäßig gebacken werden.

Variante Im Backofen können die Fladen auf einem geölten Blech bei etwa 100 °C (Gas, Stufe 1) getrocknet werden.

Info Ghee ist nichts anderes als geklärte Butter, bei der das klare Butterfett von den in der Butter enthaltenen festen Be-standteilen der Milch sowie den Wasseranteilen getrennt wurde. Ghee, das übersetzt Fett bedeutet und vor allem in Nordindien nicht nur zum Kochen verwendet wird, sondern auch bei reli-giösen Zeremonien eine wichtige Rolle spielt, schmeckt ange-nehm nussig und kann ganz einfach selbst hergestellt werden: 250 Gramm Sauerrahmbutter in Stücke schneiden und in einem schweren Topf bei milder Hitze zerlassen. Die Hitze so weit er-höhen, bis sich auf der Oberfläche eine Schaumschicht bildet. Diesen Schaum immer wieder abschöpfen, bis sich keiner mehr bildet. Die Butter abkühlen lassen und durch ein Mulltuch ab-seihen (man kann Verbandsmull verwenden). Die klare Butter-flüssigkeit in einen Behälter umgießen und kühl aufbewahren.

Für 8 Personen

- 1 Tasse Getreidesprossen
- 5 EL pürierte Tomaten
- 2 Knoblauchzehen
- 2 EL getrocknetes Suppengemüse
- 1 Bund Petersilie
- 500 g Tofu
- 1/2 TL Salz
- 1/4 TL Pfeffer
- 1/4 TL Muskat
- 1 EL Flüssigwürze
- 3 EL Olivenöl »Zitrone«

■ *Vorbereitungszeit:*
10 Minuten
Garzeit: 10 Minunten

Wenn Sie die Zutaten verdoppeln, haben Sie gleich einen Wochenvorrat von diesen köstlichen und varia-bel einsetzbaren Burgern zur Hand. Mit der Getreide-Tofu-Masse lassen sich auch sehr gut Gemüse füllen oder Aufläufe und Pasta-saucen herstellen.

Getreide-Tofu-Burger

1 Die Getreidesprossen mit den pürierten Tomaten, abgezogenen Knoblauchzehen, Suppengemüse und gewaschener Petersilie mit dem Pürierstab grob pürieren.

2 Den Tofu auf einem flachen Teller mit der Gabel möglichst fein zerdrücken. Salz, Pfeffer, Muskat und Flüssigwürze zufügen und gut vermischen.

3 Den gewürzten Tofu zu den pürierten Zutaten mischen und alles zu einem formbaren Teig verkneten (bei Bedarf noch Semmelbrösel, Sonnenblumenkerne oder Sesam zufügen).

4 Aus dem Teig gleich große Burger formen. Das Öl in einer Pfanne erhitzen und die Bratlinge darin auf beiden Seiten 5 Minuten ausbacken.

5 Als Beilage zu Kartoffel- oder Nudelgerichten servieren bzw. saftige Hamburger oder Cheeseburger daraus zaubern, die mit einer Extraportion Alfalfa- oder Rettichkeimlingen besonders gut schmecken.

Variante Wird der zerkrümelte Tofu vor der Verwendung 24 Stunden eingefroren, bekommt er zusätzlichen Biss. So zubereitet lässt sich dieser vegetarische Bratling kaum noch von einem herkömmlichen Burger unterscheiden.

Tipp Mit einem Ausstecher (Haushaltswarengeschäft) bekommen Sie gleich große, flache Burger. Es empfiehlt sich, die Form zuvor in eine Schüssel mit Wasser zu tauchen, damit die Masse nicht am Rand kleben bleibt. Für Partys sehen Miniburger auf kleinen runden Toastscheiben ganz besonders gut aus.

Info Zu den Getreidesprossen zählen die Sprossen von Weizen, Gerste, Roggen oder Hafer. Sie wachsen auch nach der Ernte noch weiter und sollten deshalb möglichst bald verbraucht werden. Wenn man sie trocknet oder röstet und anschließend fein zermahlt, kann man das Mehl sehr gut zum Backen von Brot und Gebäck verwenden.

Rohkostteller & Salate

Wenn es einmal kalte Küche geben soll, können Sie sich folgender Rezepte bedienen oder diese als Anregung für eigene Kreationen nehmen.

Frühlingssalat mit Kräutercroutons

1 Sauerampfer, Löwenzahn, Rauke und Wasserkresse waschen, trockenschleudern, zerpflücken und in eine große Schüssel geben.

2 Sonnenblumensprossen, Alfalfa- und Rettichkeime auseinanderzupfen und mit den Frühlingskräutern vermischen.

3 Für die Salatsauce Öl und Essig in einem Schälchen verrühren.

4 Die Knoblauchzehe abziehen und dazupressen, mit Salz und Pfeffer abschmecken.

5 Die Sauce über den vorbereiteten Salat gießen, die Fetakäsewürfel darauf verteilen und die Croutons darübergeben.

Variante Statt Wasserkresse können Kapuzinerkresse oder Gartenkresse verwendet werden. Einige Blätter Bärlauch ersetzen die Knoblauchzehe und zum Garnieren eignen sich Gänseblümchen und Huflattichblüten.

Für 4 Personen
- 1 Bund Sauerampfer
- 1 Bund Löwenzahn
- 1 Bund Rauke
- 1 Bund Wasserkresse
- 1 Hand voll Sonnenblumensprossen
- 1 Hand voll Alfalfa- und Rettichkeimlinge

Sauce:
- 3 EL Sonnenblumenöl
- 2 EL Himbeeressig
- 1 Knoblauchzehe
- Kräutersalz, Pfeffer
- 1 Packung Fetakäse in Würfel geschnitten
- 1 Tasse Kräutercroutons

■ *Zubereitungszeit: 15 Minuten*

Süßsaurer Hafersprossensalat

1 Den Fetakäse mit einer Gabel grob zerkleinern und mit den Hafersprossen vermischen.

2 Den Apfel waschen, mit einem Tuch trockenreiben und klein würfeln; die Orange schälen und die Filets ebenfalls klein würfeln.

3 Den Feldsalat waschen, putzen, sorgfältig abtropfen lassen und auf 4 Schälchen verteilen.

4 Die Sprossen-Obst-Mischung in die Mitte platzie-ren und mit den gekeimten Sonnenblumenkernen bestreut servieren.

Für 4 Personen
- 200 g Fetakäse
- 200 g Hafersprossen
- 1 säuerlicher Apfel
- 1 Orange
- 150 g Feldsalat
- 2 EL gekeimte Sonnenblumenkerne

■ *Zubereitungszeit: 15 Minuten*

Für 4 Personen

- 16 kleine Frühkartoffeln
- $1/4$ l Gemüsebrühe
- 16 Cherrytomaten
- 300 g Spinat
- 100 g Sojasprossen

Sauce:

- 2 EL Olivenöl
- 3 EL Weißweinessig
- Pfeffer aus der Mühle
- 2 Knoblauchzehen
- 2 EL Sojasauce

■ *Garzeit für die Kartoffeln:*
  15 Minuten
  Zubereitungszeit:
  10 Minuten

Kartoffel-Spinat-Salat

1 Die Kartoffeln sorgfältig bürsten, waschen, halbieren und in einen Topf geben.

2 Die Gemüsebrühe zufügen, zum Kochen bringen und die Kartoffeln bei geringer Hitze 15 Minuten garen.

3 In der Zwischenzeit die Tomaten waschen. Den Spinat waschen, trockenschleudern und die Blätter klein schneiden.

4 Die Sojasprossen wässern und die an die Wasseroberfläche aufsteigenden Teile entfernen.

5 Aus Öl, Essig und Pfeffer eine Salatsauce zubereiten. Den Knoblauch abziehen, durchdrücken und mit der Salatsauce verrühren.

6 Die gegarten Kartoffeln abseihen, das Kochwasser anderweitig verwenden.

7 Kartoffeln und Sojasprossen in eine große Salatschüssel geben, mit der Sojasauce beträufeln; Spinat und Tomaten zufügen, vermischen und die Marinade darüber träufeln.

Der Kartoffel-Spinat-Salat schmeckt um so besser, je frischer und knackiger die Zutaten sind. Dann enthalten sie auch am meisten wertvolle Vitamine.

Auberginensalat auf Wasserkresse

1 Die Auberginen waschen. Das Fruchtfleisch würfeln und salzen.

2 Das Öl erhitzen und die Auberginenwürfel darin zugedeckt 10 Minuten goldbraun braten, gelegentlich umrühren.

3 Knoblauchzehe abziehen, auf die Auberginenwürfel durchdrücken und vermischen. Mit der Hälfte des Essigs beträufeln und zum Abkühlen zur Seite stellen.

4 Die Zwiebeln abziehen, in Ringe schneiden und salzen.

5 Die Tomate überbrühen, abziehen, halbieren, die Kerne auspressen und das Fruchtfleisch würfeln. Wasserkresse und Rucolablätter waschen und trockenschleudern.

6 Die Auberginen- und Tomatenwürfel vermischen und mit dem restlichen Essig sowie Pfeffer abschmecken.

7 Wasserkresse und Rucola auf 4 Teller verteilen, den Salat darauf häufeln und mit den marinierten Zwiebelringen verzieren.

Für 4 Personen

- 2 mittelgroße Auberginen
- $1/2$ TL Salz
- 2 EL Rosmarinöl
- 1 Knoblauchzehe
- $1/8$ l Rotweinessig
- Je 1 rote und weiße Zwiebel
- $1/2$ TL Salz
- 1 Fleischtomate
- 100 g Wasserkresse
- 50 g Rucola
- Pfeffer aus der Mühle

■ *Vorbereitungszeit: 10 Minuten Garzeit: 10 Minuten*

Bunter Salatteller

1 Die Salatblätter waschen, trockenschleudern und kreisförmig auf 4 Tellern anrichten. Den Boxhornklee auseinander zupfen und darauf verteilen.

2 Die Avocado schälen, halbieren, in Streifen schneiden und an den Rand jedes Salattellers legen, dazwischen die halbierten Cherrytomaten platzieren.

3 Für die Salatsauce den Joghurt in ein Schälchen füllen, die Knoblauchzehe abziehen und dazupressen.

4 Öl, Zitronensaft, Kräutersalz und Pfeffer zufügen. Die Kresse fein hacken und untermischen. Die Salatsauce gleichmäßig über jedes Salatarrangement träufeln.

Für 4 Personen

- 1 Kopfsalat
- 1 Tasse Bockshornklee
- 1 Avocado
- 12 Cherrytomaten

Sauce:

- 125 g Joghurt
- 1 Knoblauchzehe
- 2 EL Öl
- Etwas Zitronensaft
- Kräutersalz, Pfeffer
- 1 Tasse Kresse

■ *Zubereitungszeit: 15 Minuten*

Variante Statt des Kopfsalats können Sie auch andere Blattsalate der Saison verwenden – wie Chicorée, Eisberg, Spinat und Lollo Rosso; oder auch Wildkräuter wie Löwenzahn, Sauerampfer und Rucola.

Kohlrabi-Weizen-Rohkost

Für 4 Personen

- 3 Kohlrabi
- 1 Apfel
- 1 Tasse Weizensprossen

Sauce:
- Saft von $1/2$ Zitrone
- 3 EL Sonnenblumenöl
- 4 EL Sahne
- $1/4$ TL Meersalz
- Pfeffer aus der Mühle

■ *Zubereitungszeit:*
15 Minuten

1 Die Kohlrabi schälen, dabei die kleinen Blättchen zurückbehalten und in dünne Streifen schneiden. Die Kohlrabi fein raspeln.

2 Den Apfel waschen, vierteln und entkernen. Das Fruchtfleisch in feine Stifte schneiden.

3 Die Kohlrabiraspel, das Kohlrabigrün und die Apfelstifte in eine Schüssel geben und mit den Weizensprossen vermischen.

4 Für die Salatsauce in einem Schälchen den Zitronensaft, Öl und Sahne vermischen. Die Marinade mit Salz und Pfeffer abschmecken und über den vorbereiteten Salat gießen.

Bunter Sommersalat mit Fetakäse

Für 4 Personen

- 4 Portionen bunt gemischte Pflücksalate
- 1 kleine Gurke
- 1 kleine Zucchini
- 8 Champignons
- Je $1/2$ grüne und rote Paprikaschote
- 4 EL Rettichsprossen
- 1 Hand voll Sonnenblumensprossen

Sauce:
- 125 g Sahne
- 3 EL Sonnenblumenöl
- 1 EL Obstessig
- 1 Knoblauchzehe
- Kräutersalz, Pfeffer
- 1 Packung Fetakäse

■ *Zubereitungszeit:*
15 Minuten

1 Den Salat waschen und trocknen. Die Salatblätter in mundgerechte Stücke zerpflücken und in eine große Schüssel geben.

2 Die Gurke und die Zucchini waschen und grob raspeln.

3 Die Champignons putzen und blättrig schneiden.

4 Die Paprikaschoten waschen, entkernen und in Streifen schneiden.

5 Die Rettich- und Sonnenblumensprossen zerpflücken und mit den übrigen Zutaten vermischen.

6 Für die Salatsauce Sahne, Öl und Essig in einem Schälchen vermischen.

7 Die Knoblauchzehe abziehen und dazupressen, mit Salz und Pfeffer abschmecken.

8 Die Sauce über den vorbereiteten Salat gießen. Den Fetakäse würfeln und darauf verteilen.

9 Mit Pfeffer aus der Mühle bestäuben.

Tipp Mit Knoblauch- oder Kräuterbaguette ergibt der bunte Sommersalat eine aufbauende, erfrischend leichte Mahlzeit. Anstelle des Obstessigs können Sie auch 1 Esslöffel frisch gepressten Zitronensaft verwenden.

Linsensprossen-Zucchini-Salat

1 Die Zucchini waschen und grob raspeln.

2 Die Frühlingszwiebel in feine Ringe schneiden.

3 Den Dill waschen, einige Zweige zum Verzieren aufheben und den Rest klein hacken.

4 Die Linsensprossen waschen und mit den Zucchiniraspeln und den Zwiebeln vermischen.

5 Für die Sauce saure Sahne, Joghurt, Umeboshi-Essig, Senf und Pfeffer in einem Schälchen verrühren.

6 Ingwer und Knoblauch schälen, klein hacken und zufügen.

7 Die Salatsauce über den vorbereiteten Salat gießen und vor dem Servieren 10 Minuten durchziehen lassen.

Info Zum Sprossenzüchten nehmen Sie biologisch angebaute grüne oder braune Linsen, die Sie in Naturkostläden oder im Reformhaus bekommen. Die Sprossen brauchen 3 bis 4 Tage bis zur Ernte, dann sind sie etwa so lang wie das Linsenkorn. Die Sprossen enthalten wichtige Spurenelemente und viel Vitamin C.

Für 4 Personen

- 1 große Zucchini
- 1 Frühlingszwiebel
- 1 Bund Dill
- 1 Tasse Linsensprossen

Sauce:
- 100 g saure Sahne
- 100 g Joghurt
- 1 EL Umeboshi-Essig
- 1/2 TL Senf
- Pfeffer aus der Mühle
- 1 cm großes Stück Ingwer
- 1 Knoblauchzehe

■ *Zubereitungszeit:
10 Minuten
Marinierzeit: 10 Minuten*

Getreidesprossensalat

1 Weizen- und Hafersprossen in eine Schüssel geben und mit der Sojasauce beträufeln.

2 Die Weintrauben halbieren, entkernen und mit den Getreidesprossen vermischen.

3 Das Sauerkraut klein schneiden und darüber geben.

4 Für die Sauce das Öl in einer Pfanne erhitzen, Majoran kurz darin anrösten, und noch heiß über das Sauerkraut gießen.

5 Den Salat mit Kräutersalz und Pfeffer abschmecken und mit den Alfalfasprossen verziert servieren.

Info Sojasauce stammt ursprünglich aus China, wo man sie schon seit etwa 2 500 Jahren kennt. Traditionell hergestellte Sojasauce besteht aus fermentierten Sojabohnen und Weizenkörnern sowie Hefe und Salz.

Für 4 Personen

- 100 g Weizensprossen
- 100 g Hafersprossen
- 1 EL Sojasauce
- 100 g Weintrauben
- 150 g Sauerkraut

Sauce:
- 4 EL Öl
- 1/2 TL Majoran
- Kräutersalz, Pfeffer
- 2 EL Alfalfakeimlinge zum Bestreuen

■ *Zubereitungszeit:
10 Minuten*

61

Reissalat mit Erbsensprossen

Für 4 Personen

- 150 g Naturreis
- 300 ml Wasser
- 1/2 Gemüsebrühwürfel
- 250 g Erbsensprossen

Sauce:

- 125 g saure Sahne
- Saft von 1/2 Zitrone
- 1 EL Senf
- Kräutersalz
- 1 Zwiebel
- 4 EL gehackte Kräuter nach Jahreszeit
- 4 EL Sonnenblumenkerne, 2 Tage gekeimt

■ *Vorbereitungszeit:*
5 Minuten
Zubereitungszeit:
45 Minuten
Marinierzeit: 60 Minuten

1 Den Reis waschen. Das Wasser zum Kochen bringen und den Reis darin bei geringer Hitze etwa 45 Minuten garen.
2 Nach 20 Minuten den Gemüsebrühwürfel und die Erbsensprossen hinzufügen und noch etwas Wasser nachgießen.
3 Nach dem Ende der Kochzeit den Deckel abnehmen und die Reis-Erbsensprossen-Mischung auskühlen lassen.

4 Inzwischen für die Marinade die saure Sahne, den Zitronensaft und den Senf in einem Schälchen verrühren.
5 Die Zwiebel abziehen und klein hacken. Mit dem Kräutersalz und den Kräutern zufügen und vermischen.
6 Vor dem Servieren 1 Stunde durchziehen lassen. Mit den gekeimten Sonnenblumenkernen bestreut servieren.

Tipp Dieser Reissalat sättigt, ohne zu belasten, und eignet sich auch gut für unterwegs. Sollte von einer Mahlzeit Reis übrig geblieben sein, können Sie daraus mit rohen oder gekochten Sprossen eine leichte Hauptmahlzeit zaubern.

Sojasprossensalat

Für 4 Personen

- 200 g Sojasprossen
- 4 Tomaten
- 1 Bund Rucola

Sauce:

- 3 EL saure Sahne
- 2 EL Chiliöl
- 1 TL Kräutersalz
- 1/2 TL Curry

■ *Zubereitungszeit:*
10 Minuten

1 Die Sprossen in eine Schüssel geben und mit Wasser auffüllen. Die nach oben aufsteigenden Teile abschöpfen und die Sprossen abseihen.
2 Die Tomaten überbrühen (die Haut abziehen), halbieren (die Kerne ausdrücken) und dann achteln. Den Rucolasalat

waschen, trockenschleudern und damit den Rand von 4 Salattellern belegen.
3 Die Sojasprossen in die Mitte geben und die Tomatenachtel zwischen dem Rucola dekorieren.
4 Für die Sauce saure Sahne, Öl, Salz und Curry vermischen und über den Salat träufeln.

Variante Den Salat mit 4 Esslöffeln gekeimten Sonnenblumen- oder Kürbiskernen bestreuen.

Roggensprossensalat

1 Die Frühlingszwiebeln klein schneiden, die Möhren putzen und grob raspeln. Beides mit den Roggensprossen in einer Schüssel vermischen.

2 Die Pinienkerne in einer Pfanne ohne Fett rösten und abkühlen lassen.

3 Für die Sauce Joghurt oder saure Sahne, Zitronensaft, Salz und Pfeffer vermischen.

4 Die Pinienkerne im Mörser zerstoßen und zur Sauce geben.

5 Den Koriander abbrausen, die Blätter abzupfen und grob hacken.

6 Die Sprossen-Gemüse-Mischung auf vier Schälchen verteilen, mit der Marinade beträufeln und mit dem gehackten Koriander bestreut servieren.

Für 4 Personen

- 2 Frühlingszwiebeln
- 2 Möhren
- 250 g Roggensprossen
- 50 g Pinienkerne

Sauce:
- 200 g Joghurt oder saure Sahne
- 2 EL Zitronensaft
- Kräutersalz, Pfeffer
- 1 Bund Koriander

■ *Zubereitungszeit: 15 Minuten*

Wildkräutersalat mit Weizensprossen

1 Sämtliche Kräuter waschen und trockenschleudern.

2 Bärlauch und Brennnesseln durch die Kräutermühle drehen und in ein Schälchen geben.

3 Die übrigen Kräuter je nach Größe in Streifen schneiden oder die Blätter abzupfen und alles mit den Weizensprossen vermischen.

4 Sonnenblumenöl, Zitronensaft, Dickmilch, Sojasauce und frisch gemahlenen Pfeffer zu dem klein gehackten Bärlauch und den Brennnesseln geben und zu einer Marinade verrühren.

5 Die Marinade über die vorbereiteten Kräuter und Weizensprossen träufeln und mit den Walnüssen bestreut servieren.

Für 4 Personen

- 1 Bund gemischte Wildkräuter (Sauerampfer, Löwenzahn, Rukola, junge Brennnessel, Giersch, Bärlauch)
- 1 Bund Gartenkräuter (Kresse, Liebstöckel, Zitronenmelisse, Petersilie, Koriander)
- 1 Tasse Weizensprossen
- 50 g gehackte Walnüsse

Sauce:
- 3 EL Sonnenblumenöl
- 2 EL Zitronensaft
- 5 EL Dickmilch
- 1 EL Sojasauce
- Pfeffer aus der Mühle

■ *Zubereitungszeit: 15 Minuten*

Tipp Die Wild- und Gartenkräuter sind eine geballte Kraftquelle an Vitaminen und Mineralstoffen, die uns besonders im Frühjahr in Schwung bringen. Versäumen Sie also nicht, die ersten Frühlingsboten von Ihrem Spazierweg weit ab von Autobahnen und Straßen nach Hause zu bringen. Mit den gekeimten Weizensprossen vervollständigen Sie Ihr Nährstoffangebot, auch wenn davon nur kleine Mengen gegessen werden.

Für 4 Personen

- 4 Möhren
- 2 große Pastinaken
- 1 Tasse Buchweizenkeimlinge

Sauce:

- 3 EL saure Sahne
- 1 EL Lezithin, flüssig
- 1 EL Walnussöl
- 2 EL Zitronensaft
- Kräutersalz
- 1 Bund Koriander

■ *Zubereitungszeit:*
15 Minuten

Pastinakenrohkost

1 Die Möhren und Pastinaken abschaben oder schälen, mittelgrob raspeln und mit den Buchweizenkeimlingen vermengen.

2 Aus der sauren Sahne, dem Lezithin, Öl, Zitronensaft und Kräutersalz mit dem Mixstab eine Marinade rühren und über die Rohkost verteilen.

3 Den Koriander waschen, trockenschleudern und die Blättchen über die Rohkost streuen.

Info Pastinaken sind bis zu 30 Zentimeter lange, dicke und gelbliche Wurzeln, deren leicht nussig-süßlich schmeckendes Fruchtfleisch im Aussehen an weiße Rüben erinnert. Ihre Schale wird wie bei Möhren nur leicht abgeschabt, und sie schmecken roh oder gegart. Pastinaken enthalten reichlich Kalium, etwas Vitamin C und B6 sowie Magnesium, Kupfer und Phosphor.

Die Pastinakenrohkost ist ein echtes Energiebündel. Die Buchweizensprossen sind sehr mild im Geschmack und lassen sich auch gut für Suppen verwenden oder kurz dünsten, pikant würzen und als Füllung für Gemüse verwenden.

Käse-Obst-Salat

1 Die Weintrauben waschen und abzupfen.
2 Die geschälte Orange und die Ananasscheiben in Würfel schneiden.
3 Den Käse in dünne Streifen schneiden.

4 Die Roggensprossen in einer Schüssel mit dem Obst und dem Käse vermischen.
5 Den Joghurt mit Kräutersalz und frisch gemahlenem Pfeffer vermengen und die Marinade über den Salat träufeln.

Für 4 Personen

- 100 g kernlose Weintrauben
- 1 Orange
- 2 Scheiben Ananas
- 200 g milder Käse
- 8 EL Roggensprossen
Sauce:
- 200 g Joghurt
- Kräutersalz, Pfeffer

■ *Zubereitungszeit:*
  10 Minuten

Süßer Obstsalat

1 Die Gerstensprossen und Sonnenblumenkerne in einer Schale mischen.
2 Apfel, Banane und Aprikosen oder Pfirsiche in kleine Würfel schneiden, die Datteln klein hacken und alles zu den Sprossen geben.

3 Die Sahne mit dem Handrührgerät halbsteif schlagen. Lezithin, Zimt und Honig oder Ahornsirup zufügen und die Sauce über den Getreide-Obst-Salat verteilen.
4 Mit den gehobelten Mandeln verziert servieren.

Variante Statt des flüssigen Lezithins können Sie auch Lezithingranulat verwenden.

Tipp Schützen Sie Ihren Körper vor Lezithinmangel, und führen Sie Ihrem Organismus so oft wie möglich reines Lezithin mit der Nahrung zu! Häufig fehlen Cholin und Inosit, die wichtigsten Bestandteile des Lezithins, oder sie kommen nur in Spuren in unserer Ernährung vor. Geistige und körperliche Schwäche ist jedoch oft die Folge von Cholin- und Inositmangel, dem hierzulande noch zu wenig Aufmerksamkeit geschenkt wird und der deshalb auch als Ursache häufig unerkannt bleibt. Dabei ist diesem Mangel ganz leicht mit etwas Lezithin abzuhelfen (siehe Quellennachweis Seite 95).

Für 4 Personen

- 200 g Gerstensprossen
- 2 EL gekeimte Sonnenblumenkerne
- 1 Apfel
- 1 Banane
- 4 Aprikosen oder 2 Pfirsiche
- 4 frische Datteln
Sauce:
- 125 g Sahne
- 1 EL Lezithin, flüssig
- 1 TL Delifrut oder Zimt
- 1–2 TL Honig oder Ahornsirup
- 4 EL gehobelte Mandeln

■ *Zubereitungszeit:*
  15 Minuten

Delikate und deftige Sprossensuppen

Die folgenden Suppen sind gut als Vorspeise oder als Zwischenmahlzeit geeignet. Ein Vorteil ist, dass man sie schon vorbereiten und dann bei Bedarf nochmals aufwärmen kann.

Gemüsesprossentopf

Für 8 Personen

- 1,5 l Gemüsebrühe
- 1 Tasse Lunjabohnensprossen
- 1 Tasse Mungbohnensprossen
- 1 Tasse Erbsensprossen
- 1 Tasse Kichererbsensprossen
- 1 Tasse Linsensprossen
- 2 junge Möhren
- 1 kleiner Chinakohl
- 1 kleine Zucchini
- 1 Stange Lauch
- 1 Bund gemischte Gartenkräuter
- 2 Knoblauchzehen
- 3 EL Olivenöl

■ *Zubereitungszeit: 35 Minuten*

1 Die Gemüsebrühe zum Kochen bringen. Die Lunjabohnen-, Mungbohnen-, Erbsen-, Kichererbsen- und Linsensprossen zufügen und 15 Minuten bei geringer Hitze sanft kochen lassen.

2 Inzwischen die Möhren abschaben und in Scheiben schneiden.

3 Den Chinakohl, die Zucchini und den Lauch waschen und in Streifen oder Würfel schneiden.

4 Nach 15 Minuten das vorbereitete Gemüse zu den Sprossen geben. Bei Bedarf noch etwas Wasser zufügen und die Suppe weitere 15 Minuten bei geringer Hitze kochen lassen.

5 Inzwischen die Kräuter waschen und klein hacken. Vor dem Servieren die Knoblauchzehen durchdrücken und mit dem Olivenöl sowie den klein gehackten Kräutern zur Suppe geben.

Tipp Mit Vollkornbrot als Beilage ergibt die Suppe eine leicht verdauliche, kräftigende Hauptmahlzeit.

Info Kichererbsen sind vor allem in Nordafrika und in Indien sehr beliebt und müssen vor der Zubereitung mindestens 12 Stunden eingeweicht werden, damit sie beim Kochen weich werden. Beim Sprossenzüchten benötigen die Kichererbsen eine Quellzeit von ebenfalls 12 Stunden. Sie gedeihen am besten im Einweckglas oder auf dem Holztablett und können nach 3 Tagen geerntet werden. Chinakohl gehört in China zu den wichtigsten Lebensmitteln und wird dort roh oder gegart in unzähligen Gerichten verwendet. Auch gekocht enthält er noch reichlich Vitamin C sowie viel Vitamin A und Kalium.

Kartoffel-Linsensprossen-Suppe

1 Die Kartoffeln schälen, waschen und in Scheiben schneiden. Die Möhre und die Petersilienwurzel schälen und klein würfeln. Den Lauch in Ringe schneiden.

2 Die Tomaten häuten, die Kerne ausdrücken und das Fruchtfleisch würfeln.

3 Das Öl in einem großen Topf erhitzen, den Majoran zufügen und kurz anrösten.

4 Die Kartoffeln, die Möhren- und Petersilienwürfel und den Lauch zufügen und unter Rühren anbraten.

5 Die gewürfelten Tomaten zufügen und alles zugedeckt 5 Minuten schmoren lassen.

6 Mit 1 Liter Wasser löschen, aufkochen lassen und die Gemüsebrühwürfel zufügen.

7 Die Linsensprossen zugeben und alles pikant mit Pfeffer abschmecken.

8 Die Suppe zugedeckt 20 Minuten bei geringer Hitze kochen lassen, dabei gelegentlich umrühren.

9 Vor dem Servieren den Essig, die Sahne und die Zwiebelsprossen zufügen.

Für 4 Personen

- 500 g Kartoffeln
- 1 Möhre
- 1 Petersilienwurzel
- 1 Stange Lauch
- 2 Tomaten
- 3 EL Olivenöl
- 1 TL Majoran
- 2 Gemüsebrühwürfel
- 2 Tassen Linsensprossen
- Pfeffer aus der Mühle
- 1 EL Obstessig
- 100 g Sahne
- 2 EL Zwiebelsprossen

■ *Zubereitungszeit: 35 Minuten*

Erbsensprossensuppe mit Tofu

1 Die Erbsensprossen in der Gemüsebrühe zum Kochen bringen und zugedeckt 15 Minuten sanft kochen lassen.

2 Den Tofu würfeln, zufügen und erhitzen.

3 Die Crème fraîche in kleinen Portionen über die Suppe verteilen.

4 Die Suppe mit frisch aufgebackenen Baguettescheiben servieren.

Info Das Züchten von Erbsensprossen ist ganz einfach, denn sie keimen in jedem nur denkbaren Gefäß. Nach spätestens 3 bis 4 Tagen, wenn die Sprossen so lange sind wie die Samen, müssen sie geerntet werden, weil sie sonst schnell bitter werden. Erbsensprossen enthalten Eiweiß, Kohlenhydrate und Ballaststoffe sowie wertvolle Vitamine und Mineralstoffe.

Für 4 Personen

- 500 g Erbsensprossen
- 1 l Gemüsebrühe
- 300 g Räuchertofu
- 100 g Crème fraîche

■ *Zubereitungszeit: 35 Minuten*

Für 4 Personen

- 1 l Gemüsebrühe
- 500 g Mungbohnensprossen
- 1 Möhre
- 1 Bund Koriander oder Petersilie
- 3 EL Tahini (Sesammus)
- 1 TL Sojalezithin, flüssig

■ *Zubereitungszeit: 15 Minuten*

Tahinisuppe mit Sojasprossen

1 Die Gemüsebrühe zum Kochen bringen.

2 Die Mungbohnensprossen mit Wasser bedecken, die oben schwimmenden Teile abschöpfen, die Sprossen abseihen und zur Seite stellen.

3 Die Möhre schälen, fein raspeln, mit den Sprossen zur kochenden Gemüsebrühe geben und bei geringer Hitze 5 Minuten garen lassen.

4 Inzwischen den Koreander oder die Petersilie waschen, die Blätter abzupfen und klein hacken.

5 Tahini und Sojalezithin in der heißen Suppe auflösen. Die gehackten Kräuter zufügen und unterrühren.

Tipp Die Tahini-Sojasprossen-Suppe ist eine aufbauende Zwischenmahlzeit, die besonders bei geistiger Tätigkeit, allgemeiner Überlastung oder in der Genesungsphase nach einer Krankheit als Stärkung willkommen ist, weil sie durch ihren hohen Lezithinanteil die allgemeine Leistungsfähigkeit unterstützt. Durch den ausgewogenen Anteil an Eiweiß, Fett, Kohlenhydraten, Vitaminen und Mineralstoffen versorgt sie den Körper mit allen wichtigen Nährstoffen, ohne ihn dabei zu belasten.

Info Tahini oder Tahin ist vor allem in Asien ein beliebtes Würzmittel für viele Suppen, Saucen und Hauptgerichte. Es wird aus naturbelassenen oder gerösteten Sesamsamen hergestellt, die zu einem dickflüssigen Mus zermahlen werden, das etwa die Konsistenz von Erdnussbutter hat. Mit Zitronensaft, Salz, Pfeffer und verschiedenen Gewürzen vermischt, ergibt Tahini eine köstliche Marinade für Salate oder schmeckt als Dip für Rohkost und Vorspeisen. Tahini enthält reichlich Vitamin B1 und B6, viele wertvolle Mineralstoffe und Spurenelemente wie Magnesium, Zink, Eisen, Phosphor, Kalzium, Kalium und Kupfer sowie wertvolle, mehrfach ungesättigte Fettsäuren. Außerdem ist Tahini leichter verdaulich als die ganzen Sesamsamen. Das Sesammus ist in Naturkostläden oder im Reformhaus erhältlich.

Griechische Frühlingssuppe

Für 4 Personen

2 TL gekörnte Gemüsebrühe
100 g Sojahack
500 g Champignons
1 Frühlingszwiebel
1 unbehandelte Zitrone
1/2 Bund Dill
1/2 Bund Petersilie
1/2 Bund Minze
2 El Olivenöl
1/4 TL Salz
1/4 TL schwarzer Pfeffer
1 Tasse Hirsesprossen
200 g Sahne

■ *Einweichzeit: 10 Minuten
Kochzeit: 15 Minuten*

1 Die Gemüsebrühe in 1 Liter warmem Wasser auflösen und das Sojahack 10 Minuten darin einweichen.

2 Inzwischen die Champignons mit einem trockenen Tuch abreiben und blättrig schneiden.

3 Die Frühlingszwiebel abziehen. Den weißen Teil würfeln, das Grün in Ringe schneiden.

4 Die Zitrone dünn abschälen oder abreiben, den Saft auspressen.

5 Dill, Petersilie und Minze waschen und klein hacken. Einige Blätter zum Verzieren aufheben.

6 Das Sojahack abseihen, dabei die Flüssigkeit auffangen.

7 Das Olivenöl in einem großen Topf erhitzen und die Zwiebeln darin glasig dünsten. Das eingeweichte, gut abgetropfte Sojagranulat zufügen, anbraten, salzen und pfeffern.

8 Die geschnittenen Champignons und die Zitronenschale zufügen und kurz anschmoren. Die Hirsesprossen und das Einweichwasser zugießen und alles 10 Minuten bei geringer Hitze kochen lassen.

9 Die geschnittenen Kräuter, den Zitronensaft und die Sahne zufügen, gut verrühren und die Suppe mit den restlichen Kräutern verziert servieren.

Info Hirse gehört in Asien und Afrika zu den wichtigsten Grundnahrungsmitteln, während sie in der westlichen Welt eigentlich nur noch als Viehfutter angebaut wird. Die kleinen, rundlichen Hirsekörner, die nicht wie andere Getreidearten an Ähren, sondern an Rispen wachsen, sind je nach Sorte weiß, gelb, rot oder auch grau. Sie enthalten mehr hochwertiges Eiweiß als Weizen, reichlich Vitamin B1, B2 und B6, viel Kalium, Phosphor, Eisen, Kupfer sowie Zink und sind leicht verdaulich. Durch ihren hohen Gehalt an Kieselerde helfen sie außerdem, den Cholesterinspiegel zu senken, und wirken sich auch positiv auf Haut, Haare und Nägel aus. Im Gegensatz zu Weizen verursacht Hirse darüber hinaus keine Allergien. Zudem wirkt sie leicht abführend und unterstützt die Blasen- und Nierenfunktion.

Sprossensuppe mit Tortellini

Für 4 Personen

- 1 l Gemüsebrühe
- 250 g Tofu- oder Kräuter-
  tortellini
- 2 Frühlingszwiebeln
- 1 Tasse gemischte Sprossen
- 1 EL Kürbiskernöl

■ *Zubereitungszeit:*
  25 Minuten

1 Die Gemüsebrühe in einem Topf zum Kochen bringen. Die Tortellini zufügen und 20 Minuten bei geringer Hitze sowie zugedeckt sanft kochen lassen.
2 Inzwischen die Zwiebeln putzen und waschen. Den weißen Teil klein hacken, das Grün in Ringe schneiden und beides in der Suppe kurz aufkochen lassen.
3 Die Sprossen auseinander zupfen und zufügen. Die Suppe sollte dann nicht mehr kochen.
4 Das Öl darüber träufeln und die Suppe sofort sehr heiß servieren.

Tipp Wenn man die Tortellini am Vortag 15 Minuten sanft kochen lässt und in der Suppe über Nacht im Kühlschrank aufbewahrt, wird daraus eine schnelle Zwischenmahlzeit, die sättigt, ohne zu belasten.

Die Sprossensuppe mit Tortellini bekommt mit Rettich-, Senf-, Linsen- und Alfalfasprossen einen kräftigen, würzigen Geschmack.

Hauptgerichte, mal ganz anders

Auch interessante Hauptmahlzeiten lassen sich mit relativ geringem Zeitaufwand ohne Mühe zubereiten. Auf den folgenden Seiten werden Sie bekannte Rezepte finden – dank der Sprossenküche besonders schmackhaft und abwechslungsreich.

Hausgemachte Sprossenlasagne

1 Aus Mehl, Salz, Lezithin, Öl und Essig sowie 1/4 Liter lauwarmem Wasser einen Strudelteig kneten. Den Teig in Haushaltsfolie einwickeln und 30 Minuten ruhen lassen.

2 In der Zwischenzeit für die Füllung das Öl erhitzen. Das Basilikum kurz darin anrösten, Tomatenmark und Flüssigkeit von den geschälten Tomaten zufügen und alles gut verrühren.

3 Die Tomaten würfeln und dazugeben.

4 Die Mungbohnensprossen klein schneiden, zufügen und die Sauce bei geringer Hitze 5 Minuten kochen lassen, mit Kräutersalz und Pfeffer abschmecken. Sollte die Sauce zu flüssig sein, etwas in kaltem Wasser angerührtes Pfeilwurzelmehl oder Mehl zufügen und nochmals kurz durchkochen lassen.

5 Für die weiße Sauce die Butter in einem Topf erhitzen und das Muskatpulver unter ständigem Rühren darin anrösten. Das Mehl einrühren, mit der Hälfte der Gemüsebrühe löschen und die Sauce unter ständigem Rühren aufkochen lassen.

6 Die restliche Gemüsebrühe zufügen. Die Sauce nochmals aufkochen lassen und die Crème fraîche hineinrühren.

7 Den Teig auf einer bemehlten Fläche dünn zu einem Viereck ausrollen.

8 Tomatensauce und weiße Sauce abwechselnd auf dem Teig verteilen, mit dem Käse bestreuen und den Teig zu einer Rolle formen.

9 Die Rolle in eine gefettete Auflaufform geben, mit der flüssigen Butter bepinseln und im Backofen bei 200 °C (Gas, Stufe 3–4) etwa 45 Minuten backen.

Für 4 Personen

- 300 g Weizenmehl, Type 1050
- 1 Prise Salz
- 1 EL Lezithin, flüssig
- 2 EL Öl
- 1 TL Essig
- Mehl zum Ausrollen
- Öl für die Form
- 1 EL flüssige Butter

Tomatensauce:
- 3 EL Olivenöl
- 1 TL Basilikum, getrocknet
- 2 EL Tomatenmark
- 1 kleine Dose (450 g) Tomaten, geschält
- 2 Tassen Mungbohnensprossen
- Kräutersalz, Pfeffer

Weiße Sauce:
- 2 EL Butter
- 1/2 TL Muskatpulver
- 4 EL Mehl
- 1/4 l Gemüsebrühe
- 3 EL Crème fraîche
- 100 g Parmesan, gerieben

■ *Vorbereitungszeit: 40 Minuten*
Zubereitungszeit: 45 Minuten

Sprossenquiche

Für 4 Personen

- 150 g Gerstensprossen
- 100 g Weizen, fein gemahlen
- 100 g kalte Butter oder Margarine
- 1 EL Sojalezithin, flüssig
- 1 TL Kräutersalz

Belag:

- 500 g Lauch
- 2 EL Sojaöl
- 500 g Sojasprossen
- 2 TL Gemüsebrühe, gekörnt
- 300 g Mozzarella
- 1–2 Knoblauchzehen
- Salz, Pfeffer aus der Mühle
- Olivenöl zum Beträufeln

■ *Vorbereitungszeit: 40 Minuten*
Zubereitungszeit: 40 Minuten

1 Die gekeimte Gerste im Mixer oder mit einem Pürierstab zerkleinern.

2 Das Mehl auf ein Backbrett sieben, dabei in der Mitte eine Mulde formen.

3 Die Butter in kleine Stücke schneiden und in die Mulde geben, mit Lezithin, Kräutersalz, 3 Esslöffeln kaltem Wasser sowie der pürierten Gerste bedecken und alle Zutaten mit den Händen rasch zu einem Mürbeteig verkneten.

4 Den Teig zu einer Kugel formen, mit Haushaltsfolie abdecken und 30 Minuten kalt stellen.

5 Inzwischen für den Belag den Lauch in Ringe schneiden, gründlich waschen und abtropfen lassen.

6 Das Öl in einer Pfanne erhitzen. Den Lauch darin unter Rühren kurz anbraten, die Sojasprossen zufügen und ebenfalls anbraten. Beides mit der gekörnten Gemüsebrühe würzen.

7 Den Mozzarella in Scheiben schneiden und mit Salz sowie Pfeffer bestäuben.

8 Den Teig auf ein Backblech ausrollen.

9 Die Mozzarellascheiben darauf legen, den Knoblauch abziehen und über den Käse durchdrücken.

10 Das Gemüse darüber schichten und mit dem Öl beträufeln.

11 Die Quiche im Backofen bei 200 °C (Gas, Stufe 4) etwa 30 Minuten backen.

Info Gerste gehört zu den ältesten Kulturpflanzen der Menschheit und wurde schon vor rund 10 000 Jahren angebaut. Während Gerste und Gerstenmehl in Asien, im Mittleren Osten und in Nordafrika für viele Gerichte und zum Brotbacken dient, verwendet man Gerste bei uns überwiegend als Gerstengraupe zu Eintopfgerichten, die leider aus der Mode gekommen sind. Auch Gerstenmalz wird als wohlschmeckendes Süßungsmittel geschätzt. In Japan werden die ungeschälten Körner außerdem bei der Herstellung von Gerstenmiso benötigt, einer Paste aus fermentierten Sojabohnen, Gerste und Salz, die als beliebtes Würzmittel für viele unterschiedliche Gerichte verwendet wird.

Linsen-Weizen-Curry

1 Die Linsen- und Weizensprossen in einem Sieb unter fließendem Wasser abspülen. Die Frühlingszwiebeln klein schneiden.

2 Das Ghee in einem Topf erhitzen und Zwiebeln sowie Sprossen darin anbraten.

3 Die Knoblauchzehen abziehen und dazudrücken. Den Ingwer schälen, in kleine Stücke schneiden und zufügen.

4 Das Currypulver darüber streuen und kurz anrösten, mit der Gemüsebrühe auffüllen, den Topf zudecken und das Linsencurry 20 Minuten bei geringer Hitze garen. Dabei gelegentlich umrühren.

5 Danach die Cashewkerne und die Ananaswürfel zufügen, bei Bedarf noch Wasser nachgießen und in weiteren 5 Minuten gar ziehen lassen.

Für 4 Personen

- 4 Tassen Linsensprossen
- 100 g Weizensprossen
- 250 g Frühlingszwiebeln
- 30 g Ghee oder Butterschmalz
- 2 Knoblauchzehen
- 2 cm großes Stück Ingwer
- 1 EL Currypulver
- $1/2$ l Gemüsebrühe
- 100 g Cashewkerne, geröstet und gesalzen
- $1/2$ gewürfelte Ananas

■ *Vorbereitungszeit:*
10 Minuten
Garzeit: 25 Minuten

Sprossenmixgratin

1 Den Sprossenmix in einem Sieb unter fließendem Wasser abspülen. Das Suppengemüse putzen und in Würfel schneiden.

2 Die Salatgurke waschen, den Stielansatz abschneiden und die Gurke im Mixer pürieren.

3 Das Öl in einem Schmortopf erhitzen und Sprossenmix sowie Gemüse darin unter ständigem Rühren anbraten. Mit der Gemüsebrühe würzen und die pürierte Gurke zugeben.

4 Das Lorbeerblatt zufügen, den Topf schließen und alles 10 Minuten bei geringer Hitze kochen lassen. Dabei einige

Male umrühren und bei Bedarf heiße Gemüsebrühe zufügen.

5 Inzwischen die Brösel mit der Butter in einer Pfanne goldgelb rösten.

6 Die saure Sahne und das Miso miteinander verrühren.

7 Die Hälfte der halb gegarten Sprossen in eine Auflaufform geben, die Brösel darauf geben, die Misosahne gleichmäßig darauf verteilen und die restlichen Sprossen darüber geben.

8 Den Käse auf das Gratin verteilen und im Backofen bei 220 °C (Gas, Stufe 4–5) 10 Minuten überbacken.

Für 4 Personen

- 400 g Sprossenmix (Linsen, Kichererbsen, Erbsen, Mungbohnen)
- 1 Bund Suppengemüse
- 1 große Salatgurke
- 2 EL Kräuter-Knoblauch-Öl
- 1 TL Gemüsebrühe, gekörnt
- 1 Lorbeerblatt
- 3 EL Butter
- 250 g Vollkornbrösel
- 300 g saure Sahne
- 1 TL Miso
- 200 g Hartkäse, gerieben

■ *Vorbereitungszeit:*
5 Minuten
Zubereitungszeit:
20 Minuten

Für 4 Personen

- 200 g Hafersprossen
- 1/2 l Gemüsebrühe
- 1 Bund Frühlingszwiebeln
- 1 kg rosa Champignons
- 2 EL Butter
- 1/2 TL Kümmel, zerstoßen
- 2 EL Mehl
- 1 Bund Petersilie
- 200 g Crème fraîche

■ *Zubereitungszeit: 20 Minuten*

Pilzragout mit Hafersprossen

1 Den gekeimten Hafer in einem Topf mit der Gemüsebrühe zum Kochen bringen, aufwallen lassen und zugedeckt 10 Minuten neben dem Herd ausquellen lassen.

2 In der Zwischenzeit die Frühlingszwiebeln putzen. Den weißen Teil der Zwiebeln würfeln, das Grün in Ringe schneiden und beiseite stellen. Die Champignons mit Küchenpapier abwischen und blättrig schneiden.

3 Die Butter in einem Schmortopf erhitzen und den Kümmel darin anrösten. Die gewürfelten Zwiebeln zugeben und unter Rühren glasig werden lassen.

4 Die Champignons zufügen, andünsten, mit Mehl bestäuben und kurz anschwitzen lassen. Etwas Kochflüssigkeit von den Hafersprossen dazugießen, verrühren und die Platte ausschalten.

5 Die Petersilie waschen und klein hacken, mit der Crème fraîche zum Pilzragout geben und verrühren.

6 Die Hafersprossen mit dem geschnittenen Zwiebelgrün bestreuen und mit dem Pilzragout servieren.

Tipp Hafer kalt waschen und etwa 8 Stunden in klarem Wasser einweichen. Bei 21 °C 3 Tage in einem Glas keimen lassen und 2- bis 3-mal mit frischem Wasser spülen.

Info Gekeimter Hafer sollte, wie alle gekeimten Kerne, Samen und Getreide, möglichst roh gegessen werden. Wird er ausnahmsweise – wie bei diesem Gericht – gegart, liefert er zwar nicht mehr ganz so viele Nährstoffe wie im rohen Zustand, doch bei langsamer und schonender Zubereitung enthalten die Sprossen immer noch eine Menge an wichtigen Mineralstoffen. Hafer, der seit etwa 2 000 Jahren angebaut wird, zählte bei uns bis vor etwa 200 Jahren zu einem der wichtigsten Grundnahrungsmittel; heute ist er dagegen eigentlich nur noch in Form von Haferflocken populär. Dafür werden die Körner von den Spelzen befreit, gedämpft und anschließend unter dicken Rollen flach gepresst.

Pizza mit Sprossen

1 Das Weizenmehl mit der Trockenhefe, dem Salz, Majoran, Öl, 350 Milliliter lauwarmem Wasser und Lezithin in der Küchenmaschine oder mit den Händen zu einem geschmeidigen Hefeteig verkneten.

2 Den Teig in eine bemehlte Schüssel geben, mit einem Geschirrtuch abdecken und an einem warmen Ort 30 Minuten gehen lassen.

3 Inzwischen für den Belag die Tomaten überbrühen, häuten, halbieren, die Kerne ausdrücken und das Fruchtfleisch in Würfel schneiden.

4 Die Frühlingszwiebeln waschen und in Ringe schneiden.

Die Paprikaschoten waschen, entkernen und würfeln.

5 Die vorbereiteten Gemüse in eine Schüssel geben, mit Oregano, Basilikum, Thymian, Kräutersalz und frisch gemahlenem Pfeffer bestreuen und alles gut vermischen.

6 Den Teig auf ein eingeöltes Backblech ausrollen, mit den pürierten Tomaten bestreichen und im vorgeheizten Backofen bei 220 °C (Gas, Stufe 4) 10 Minuten backen.

7 Das vorbereitete Gemüse auf der heißen Pizza verteilen. Diese für einige Minuten in den noch heißen Backofen stellen und sofort servieren.

Variante 250 Gramm Mozzarella in Scheiben schneiden, salzen, pfeffern und auf die pürierten Tomaten verteilen. Oder vor dem Servieren einige Knoblauchzehen auf das Gemüse durchdrücken.

Info Von den Mungbohnen, die mitunter auch Mungobohnen genannt werden, gibt es mehr als 200 Sorten. Bei uns werden überwiegend die grünen Mungbohnen angeboten; es gibt sie aber auch gelb, braun, olivfarben und violett. Mungbohnen enthalten sehr viel Eiweiß, reichlich Vitamin B1, Pantothensäure, Folsäure sowie wichtige Mineralstoffe und Spurenelemente wie Kalium, Magnesium, Eisen, Zink, Phosphor und Kupfer. Darüber hinaus sind die Bohnen reich an Ballaststoffen.

Für 8 Personen

- 500 g Weizen (fein gemahlen)
- 1 Päckchen Trockenhefe
- $1/2$ TL Salz
- $1/2$ TL Majoran, gerebbelt
- 1 EL Öl
- 1 EL Lezithin, flüssig
- Mehl zum Bestreuen
- 2 EL Olivenöl für das Backblech
- 250 ml passierte Tomaten

Belag:
- 500 g Tomaten
- 2 Frühlingszwiebeln
- Je 1 gelbe und grüne Paprikaschote
- 200 g Mungbohnensprossen
- 2 TL getrockneter Oregano
- 1 TL getrocknetes Basilikum
- 1 TL Kräutersalz
- $1/2$ TL Pfeffer aus der Mühle

■ *Vorbereitungszeit: 5 Minuten*
Aufgehzeit für den Teig: 30 Minuten
Backzeit: 10 Minuten

Für 4 Personen

- 300 g Mehl, Type 1050
- 1 EL Rote-Bete-Pulver
- 2 Messerspitzen Salz
- 1 TL Salz
- 2 EL Öl
- Mehl zum Ausrollen

Pesto:

- 3 Knoblauchzehen
- 1 Bund Basilikum
- 200 g Kürbiskerne, 2 Tage gekeimt
- 8 EL Olivenöl
- 1/2 TL Salz
- 50 g Parmesan oder Pecorino

■ *Vorbereitungszeit:*
5 Minuten
Ruhezeit für den Teig:
30 Minuten
Zubereitungszeit:
10 Minuten

Tagliatelle mit Kürbiskernpesto

1 Aus Mehl, Rote-Bete-Pulver, 150 Milliliter Wasser und Salz einen Nudelteig herstellen. Den Teig mit Folie abdecken und 30 Minuten ruhen lassen.

2 In der Zwischenzeit für das Pesto die Knoblauchzehen abziehen. Das Basilikum waschen und die Blätter abzupfen.

3 Knoblauchzehen, Basilikum, Kürbiskerne, Öl und Salz mit dem Mixstab fein pürieren und den geriebenen Käse untermischen.

4 Den Nudelteig in 3 Teile aufteilen.

5 Ein Nudelbrett oder eine Arbeitsfläche reichlich mit Mehl bestäuben und die Teigkugeln so dünn wie möglich ausrollen.

6 Jede Teigplatte zusammenrollen und schräg in dünne Streifen schneiden. Die Nudelnester leicht mit Mehl bestäuben und mit den Händen auflockern.

7 In einem großen Topf 3 bis 4 Liter Wasser mit dem Salz und Öl zum Kochen bringen. Die Nudeln hineingeben und ca. 3 Minuten kochen lassen.

8 Die Tagliatelle abseihen und noch heiß auf vorgewärmte Teller verteilen. Jeweils in die Mitte der Nudeln eine Portion Kürbiskernpesto geben und sofort servieren.

Variante Für Lezithintagliatelle 1 Esslöffel flüssiges Lezithin mit dem Teig verarbeiten. Damit erhöhen Sie Geschmack und Nährwert der Nudeln. Keine Angst, das Lezithin wird durch den Kochvorgang kaum entwertet!

Tipp Wenn Sie kein Rote-Bete-Pulver bekommen, können Sie auch einige Esslöffel Rote-Bete-Saft zufügen und dafür die gleiche Menge Wasser abziehen. Die Rote Bete gehört übrigens zur gleichen Familie wie die Zuckerrübe und verdankt ihre typische Farbe dem Farbstoff Beta-Cyan, der beim Schälen der Bete tiefrote Verfärbungen an den Händen hinterlässt (deshalb am besten immer Küchenhandschuhe anziehen; die Flecken lassen sich aber auch mit Zitronensaft entfernen).

Die Erbsensprossenpfanne ist ein leichtes, fettarmes Gericht, aber reich an Vitaminen, Mineralien und wertvollen Biostoffen.

Erbsensprossenpfanne

1 Das Öl in einer Pfanne erhitzen und die Erbsensprossen darin zugedeckt 5 Minuten anbraten.

2 Die Salatgurke schälen, in Würfel schneiden, in die Pfanne geben und mit der gekörnten Gemüsebrühe bestreuen. Bei geringer Hitze zugedeckt weiter schmoren lassen.

3 Die Frühlingszwiebeln in Ringe schneiden und zugeben.

4 Die Pastinake oder Möhre schälen und grob raspeln, den Bleichsellerie in Scheiben schneiden. Beides in die Pfanne geben und mit den übrigen Zutaten vermischen.

5 Die Pfanne wieder zudecken und alles bei geringer Hitze 10 Minuten dünsten lassen.

6 Inzwischen die Kräuter waschen, klein hacken und über die fertige Erbsensprossenpfanne streuen.

7 Als Beilage Kartoffeln oder körnig gekochten Vollkorn-Basmatireis servieren.

Für 4 Personen

- 2 EL Olivenöl
- 3 Tassen Erbsensprossen
- 1 Salatgurke
- 1 TL gekörnte Gemüsebrühe
- 2 Frühlingszwiebeln
- 1 Pastinake oder Möhre
- 4 Stangen Bleichsellerie
- 1 Bund frische Kräuter

■ *Zubereitungszeit: 15–20 Minuten*

Erfrischende Gesundheitsdrinks

Um gesund und fit zu bleiben, ist es wichtig, dass wir viel Flüssigkeit zu uns nehmen. Für die empfohlene Wassermenge von zwei bis drei Liter pro Tag bieten sich für zwischendurch oder als Cocktail am Abend diese energiereichen, erfrischenden Drinks an.

Energiecocktail

Für 1 Person

- 1 Tasse naturtrüber Apfelsaft
- 1/2 Tasse Alfalfa-, Kresse- oder Boxhornkleesprossen
- 1 TL Weizenkeime
- 1 TL Sojalezithin, flüssig
- 1 TL Mandelmus
- 1 EL angekeimte Sonnenblumenkerne
- 1 Zitronenscheibe

■ *Zubereitungszeit: 10 Minuten*

1 Die Hälfte des Saftes in einen Rührbecher oder Mixer füllen, die Sprossen zufügen und alles fein pürieren.
2 Die Weizenkeime, das Lezithin und das Mandelmus zugeben und so lange weitermixen, bis der Drink cremig ist.
3 Den restlichen Saft zufügen und alles nochmals gründlich verquirlen.
4 Den Drink in ein hohes Glas füllen und mit den gekeimten Sonnenblumenkernen bestreuen. Die Zitronenscheibe einschneiden und an den Glasrand stecken.

Orientexpress

Für 4 Personen

- 1 Tasse Rote-Bete-Saft
- 1 Bund Kerbel
- 2 Knoblauchzehen
- 1/2 Chilischote ohne Kerne
- 1 Tasse Sprossenmix (Alfalfa und Radieschen)
- 1 TL Honig
- 2 cm großes Stück Ingwerwurzel
- 1 Tasse Möhrensaft
- 1 Tasse Sauerkrautsaft

■ *Zubereitungszeit: 15 Minuten*

1 Den Rote-Bete-Saft in einen hohen Rührbecher oder Mixer füllen.
2 Den Kerbel waschen. Einige Blätter zum Verzieren aufheben, den Rest grob schneiden und in den Mixbecher geben. Die Knoblauchzehen abziehen, die Chilischote waschen und fein schneiden.
3 Die Sprossen, den Honig, die abgezogenen Knoblauchzehen, die fein gehackte Chilischote sowie die geschälte, grob zerhackte Ingwerwurzel zufügen und alles fein pürieren.
4 Den Möhren- und Sauerkrautsaft zufügen und verquirlen.
5 Den Drink in 4 Rotweinkelche gießen und jedes Glas mit einigen Kerbelblättern verziert servieren.

Grüne Heide

1 Die Salatgurke schälen, klein schneiden und pürieren.
2 Sprossen, Hefeflocken und Kürbiskerne zufügen und alles fein pürieren. Mit Buttermilch und kaltem Pfefferminztee verquirlen.
3 Den Drink auf 4 Longdrinkgläser verteilen und mit den Minzezweiglein servieren.

Variante Anstelle der Buttermilch können Sie auch Kefir, Vollmilch oder Magermilch verwenden.

Für 4 Personen

- 1 Salatgurke
- 1 Tasse Alfalfa-, Sonnenblumenkern- und Boxhornkleesprossen
- 1 TL Hefeflocken
- 4 EL gekeimte Kürbiskerne
- 1 Tasse Buttermilch
- 2 Tassen Pfefferminztee
- 4 Minzezweiglein

■ *Zubereitungszeit: 5–10 Minuten*

Feuriger Tomatenflip

1 Die Tomaten häuten, halbieren, die Kerne ausdrücken, das Fruchtfleisch würfeln und zusammen mit den Sprossen im Mixer fein pürieren; bei Bedarf etwas Wasser zufügen.
2 Das Basilikum waschen, 4 Zweige zum Verzieren aufheben, die Blätter grob hacken und in den Mixer geben.
3 Von dem eingelegten Pfeffer einige Körner zurückbehalten, den Rest zusammen mit dem Kefir, dem Tomatensaft und dem Tabasco zufügen und alles gründlich verquirlen.
4 Den Tomatenflip auf 4 Gläser verteilen. Mit der sauren Sahne auf jeden Drink eine Spirale ziehen, die restlichen Pfefferkörner darauf streuen und mit den Basilikumzweigen dekorieren.

Für 4 Personen

- 500 g Tomaten
- 1 Tasse Sprossenmix (Alfalfa, Rettich und Kresse)
- 1 Bund Basilikum
- 2 TL eingelegter grüner Pfeffer
- 1 Tasse Kefir
- 1 Tasse Tomatensaft
- 1 EL Tabasco
- 4 TL saure Sahne

■ *Zubereitungszeit: 15 Minuten*

Mango-Lassi

1 Die Mango schälen und den Kern herauslösen. 8 dünne Streifen abschneiden und zum Verzieren beiseite legen.
2 Die Mangostücke mit den Sonnenblumenkernen im Mixer oder mit dem Mixstab fein pürieren. Joghurt und Mineralwasser zufügen und verquirlen.
3 Die Lassi auf 4 Gläser verteilen und mit den zurückbehaltenen Mangoscheiben garnieren.

Für 4 Personen

- 1 große, reife Mango
- 1 Tasse gekeimte Sonnenblumenkerne
- 1 Tasse Joghurt
- 1 Tasse Mineralwasser

■ *Zubereitungszeit: 10 Minuten*

Frühlingserwachen

Für 4 Personen

- 1 Tasse Kefir
- 1 Tasse Alfalfasprossen
- 1 Tasse Boxhornkleesprossen
- 1 Tasse Kressesprossen
- 1 Bund Wildkräuter
- 2 Tassen Mineralwasser
- 2 TL Sojasauce
- 4 Bärlauchblätter
- 4 TL saure Sahne
- 4 Bleichselleriestiele

■ *Zubereitungszeit:*
  15 Minuten

1 Kefir, Alfalfa-, Boxhornklee- und Kressesprossen im Mixer pürieren. Wildkräuter waschen, die groben Stiele entfernen, den Rest einige Male durchschneiden und im Mixer pürieren.

2 Mineralwasser und Sojasauce zufügen, alles verquirlen und den Drink in 4 Gläser füllen.

3 Die Bärlauchblätter waschen, trocknen und in dünne Streifen schneiden.

4 Jeweils 1 Klecks saure Sahne auf die Drinks geben, die Bärlauchstreifen darüber setzen, jeweils eine Selleriestange ins Glas stecken und die Drinks sofort servieren.

Info Bärlauch, der auch wilder Knoblauch oder im Volksmund Hexenzwiebel genannt wird, riecht und schmeckt intensiv nach Knoblauch. Das sollte beim Sammeln unbedingt beachtet werden, da die Bärlauchblätter den giftigen, aber geruchsneutralen Maiglöckchenblättern ähneln. Bärlauch wächst im Frühjahr in schattigen, feuchten Wäldern und Auen. Er sollte vor der Blüte gesammelt werden. Bärlauch wirkt blutreinigend.

Sommertraum

Für 4 Personen

- 1 Tasse naturtrüber Apfelsaft
- 1 Tasse Boxhornkleesprossen
- 2 Pfirsiche
- 2 Aprikosen
- 1 Tasse Mineralwasser
- 1 Tasse Eis, zerkleinert
- 4 TL gekeimte Sonnenblumenkerne
- 4 TL Ahornsirup

■ *Zubereitungszeit:*
  15 Minuten

1 Die Hälfte des Apfelsaftes in einen Rührbecher oder Mixer füllen.

2 Die Boxhornkleesprossen zufügen und fein pürieren.

3 Pfirsiche und Aprikosen waschen und entsteinen. Jeweils 4 dünne Scheiben abschneiden und zum Verzieren aufheben, den Rest grob würfeln.

4 Die Fruchtwürfel mit in den Mixer geben, ebenfalls pürieren, mit dem Mineralwasser aufgießen und verquirlen.

5 Das zerkleinerte Eis auf 4 Gläser verteilen, den pürierten Saft darüber gießen, mit den zurückbehaltenen Pfirsich- und Aprikosenspalten verzieren.

6 Die Sonnenblumenkerne grob hacken, darüber streuen und den Ahornsirup darauf träufeln.

7 Drinks mit Trinkhalmen und langstieligen Löffeln servieren.

Vitamine und Mineralien pur – das bietet das Frühlingserwachen. Und gerade in dieser Jahreszeit verlangt der Körper viele Vitalstoffe, die Sie ihm geben sollten.

Wintermärchen

1 Kokosraspel, Sahne und Kürbiskerne in einem Mixer fein pürieren.

2 Die Orange waschen, abtrocknen; dünne Streifen von der Schale abziehen, zum Verzieren beiseite legen, den Schalenrest in den Mixer geben.

3 Kardamom und Ingwer zufügen, nochmals pürieren, die Schokolade zugießen und alles gut verquirlen.

4 Zucker und Zimt auf einem flachen Teller vermischen.

5 Die Orange halbieren, jedes Glas einige Millimeter tief in die eine Orangenhälfte stecken und in die Zimt-Zucker-Mischung eintauchen.

6 Von der anderen Orangenhälfte 2 Scheiben abschneiden und halbieren.

7 Den Drink in 4 Gläser verteilen. Jedes Glas mit 1/2 Orangenscheibe belegen und mit Orangenschalen verzieren. Schließlich noch in jedes Glas 1 dicken Trinkhalm stecken.

Für 4 Personen

- 1 Tasse Kokosraspel
- 125 g Sahne
- 1 Tasse gekeimte Kürbiskerne
- 1 unbehandelte Orange
- 1 TL Kardamom, gemahlen
- 2 Messerspitzen Ingwerpulver
- 2 Tassen Schokolade, gut gekühlt

Zum Verzieren:
- 1 TL Zimt
- 4 TL grober Zucker
- 4 Trinkhalme

■ *Zubereitungszeit: 15 Minuten*

Für 4 Personen

- 1 Tasse Sauerkirschsaft
- 1 Tasse Sprossenmix (Alfalfa, Kresse, Boxhornklee)
- 1 Tasse Holunderbeersaft
- 1 Tasse Traubensaft
- 4 EL Sanddornsaft

Zum Verzieren:

- 4 Zitronenscheiben
- 8 Trinkhalme
- 8 Himbeeren
- 4 Zitronenmelissezweige

■ *Zubereitungszeit: 15 Minuten*

Herbstzeitlose

1 Die Hälfte des Sauerkirschsaftes in einen Rührbecher oder Mixer geben. Den Sprossenmix zufügen und fein pürieren.
2 Den restlichen Sauerkirschsaft, den Holunderbeer-, Trauben- und Sanddornsaft zufügen und verquirlen.
3 Den Saft auf 4 Stielgläser verteilen.
4 Auf jeden Drink 1 Zitronenscheibe legen, deren Mitte mit Himbeeren und Zitronenmelisse garnieren. Schließlich durch jede Zitronenscheibe noch 2 Trinkhalme stecken.

Tipp Sauerkirsch-, Holunderbeer- und Sanddornsaft bekommen Sie in Naturkostläden oder im Reformhaus.

Für 4 Personen

- 4 Dulsealgen
- 1 Tasse Sprossenmix (Alfalfa, Rettich und Kresse)
- 1 Tasse Brennnessel- oder Spinatsaft, frisch entsaftet
- 1 Tasse Joghurt
- 2 Messerspitzen Cayennepfeffer
- 2 EL Sojasauce
- 1 EL Umewürze
- 1 Blatt Norialge, geröstet

■ *Zubereitungszeit: 10 Minuten*

Meeresrauschen

1 Die Dulsealgen unter fließendem Wasser abspülen und in 1 Tasse warmem Wasser 2 Minuten einweichen lassen.
2 In der Zwischenzeit den Sprossenmix zusammen mit dem Brennnessel- oder Spinatsaft im Mixer fein pürieren und auf 4 Gläser verteilen.
3 Die Dulsealgen mit einer Schere etwas zerschneiden und mit einigen Esslöffeln Einweichwasser im Mixer zerkleinern.
4 Das restliche Einweichwasser, den Joghurt, Cayennepfeffer, die Sojasauce und Umewürze zufügen und alles nochmals gründlich verquirlen.
5 Die Mischung zu dem Sprossenmixsaft gießen und mit der zerkrümelten Norialge verzieren.

Info Sie sollten so oft wie möglich kleine Mengen Algen in die Ernährung einbauen, denn damit wird der Körper auf natürliche Weise mit dem stoffwechselfördernden Spurenelement Jod versorgt, das mit Sicherheit dem chemisch jodierten Speisesalz vorzuziehen ist. Bei Schilddrüsenerkrankungen sollte jedoch auf alle Fälle ärztlicher Rat in Anspruch genommen werden.

Brotbacken mit Sprossen und Keimen

Vor allem Getreidesprossen, aber auch Soja- oder Garbanzokeime können, getrocknet oder geröstet (in einer beschichteten Pfanne ohne Fett) und anschließend zu Mehl zermahlen, sehr gut zum Backen von Brot und Gebäck verwendet werden. Doch auch frische Sprossen ergeben eine köstliche und zudem äußerst gesunde Zutat im Brotteig, wie die Rezepte auf den folgenden Seiten zeigen. Und natürlich können Sie auch hier Ihre Phantasie einsetzen und eigene Kombinationen ausprobieren!

Energiebrot, luftgetrocknet

1 Die Sprossen und Haferkeime durch den Fleischwolf drehen.

2 Die Masse mit Öl, Lezithin, Brotgewürz und Nüssen sorgfältig verkneten.

3 So viel Mehl wie nötig zufügen, damit ein formbarer Teig entsteht, und den Teig gründlich durchkneten.

4 Auf einer bemehlten Fläche den Teig vierteln. Jedes Stück zu einer Kugel formen, $1/2$ Zentimeter dick ausrollen und mit Weizenschrot bestäuben.

5 Je nach Jahreszeit 1 bis 2 Tage an der Sonne oder 30 Minuten bei 90 °C im Backofen bei leicht geöffneter Türe trocknen lassen.

Für 4 Personen

- 2 Tassen Weizen- oder Gerstensprossen
- 1 Tasse Haferkeime
- 2 EL Olivenöl
- 1 EL Sojalezithin, flüssig
- $1/2$ TL Brotgewürz
- 2 EL gehackte Nüsse nach Wahl
- Mehl nach Bedarf
- Fein geschroteter Weizen zum Bestäuben

■ *Zubereitungszeit: 10 Minuten*
Trockenzeit: 30 Minuten im Backrohr,
1–2 Tage an der Luft

Variante Süße Variante des Energiebrotes: Statt des Brotgewürzes Honig und Trockenfrüchte zufügen. Diese Fladen sind ideal für unterwegs beim Wandern oder Sport, aber auch als kleine Zwischenmahlzeit in der Schule oder am Arbeitsplatz.

Tipp Kauen Sie das Energiebrot kräftig durch! Das baut Stress ab, hilft die Nährstoffe optimal auszuwerten und erhöht noch den Geschmack. Vergessen Sie jedoch nicht, dazu genügend Flüssigkeit, am besten Wasser oder ungesüßten Tee, zu trinken. So können sich die wertvollen Ballaststoffe optimal entfalten und wirken.

Für 4 Personen

- 250 g Mehl Type 1050
- 1/2 TL Salz
- 2 TL Ghee (oder Butter-schmalz)
- 150 ml Wasser
- 4 EL Ghee zum Ausbacken

Füllung:

- 175 g gegarte Gemüsereste
- 1 gekochte Kartoffel
- 1/2 Chilischote
- 1/2 TL Kurkuma
- 1/2 TL Kreuzkümmel
- 100 g Zwiebelsprossen
- 1 TL Salz
- 1 EL Ghee (oder Butter-schmalz)

■ *Zubereitungszeit:*
10 Minuten
Ruhezeit: 30 Minuten
Ausbackzeit: 15 Minuten

Indische Chapatis

1 Das Mehl mit dem Salz, Ghee oder Butterschmalz und Wasser zu einem geschmeidigen Teig verkneten, zudecken und 30 Minuten ruhen lassen.

2 Inzwischen für die Füllung das Gemüse und die Kartoffel pellen und klein schneiden, die Chilischote waschen, entkernen und sehr klein hacken.

3 1 Esslöffel Ghee oder Butterschmalz in einer Pfanne erhitzen und Kurkuma sowie Kreuzkümmel darin anrösten. Das klein geschnittene Gemüse und die Kartoffel zufügen, kurz anbraten.

4 Zwiebelsprossen und Salz zugeben, verrühren und zum Abkühlen zur Seite stellen.

5 Aus dem Chapatiteig 8 gleich große Kugeln formen und diese auf einer bemehlten Fläche zu dünnen Fladen von 15 Zentimeter Durchmesser ausrollen.

6 Die Mischung in die Mitte auf die Fladen verteilen, diese zusammenfalten und an den Rändern fest zusammendrücken.

7 Das Ghee in einer Pfanne oder einem Wok erhitzen und die gefalteten Chapatis darin auf beiden Seiten goldgelb ausbacken.

Tipp 1 Bund klein gehackten Koriander zur Masse geben, ersatzweise können Sie auch Petersilie verwenden.

Info Chapatis werden die vor allem in Nordindien so beliebten flachen Brotfladen genannt, die dort jeden Tag frisch gebacken und ungefüllt zu fast jeder (gehaltvollen) Mahlzeit serviert werden. In Indien verwendet man dafür ein spezielles Chapatimehl (Sie können ersatzweise auch das im Rezept genannte Weizenmehl Type 1050 oder eine Mischung aus Weizenvollkornmehl und Weizenmehl Type 405 im Verhältnis 2:1 nehmen). Wichtig ist, dass der Teig ausreichend lange geknetet wird – etwa 10 bis 15 Minuten mit der Hand oder 5 Minuten in der Küchenmaschine. Den Teig können Sie auch am Vortag vorbereiten: Gut verpackt im Kühlschrank aufbewahren und 30 Minuten vor dem Ausrollen herausnehmen.

Würziges Dinkelbrot

1 Den Dinkel fein mahlen und in eine große Schüssel geben; in die Mitte des Dinkelmehls eine Mulde eindrücken.

2 Die Hefe zerbröseln und in die Mulde geben. Etwas Milch darauf gießen und mit so viel Mehl verrühren, dass ein flüssiger Teig entsteht. Mit einem Tuch abdecken und 30 Minuten warm stellen.

3 Die restliche Milch, Öl und Lezithin darüber gießen, gemahlenen Kümmel und Koriander zufügen und das Ganze kräftig von Hand oder mit einer Küchenmaschine zu einem geschmeidigen Teig verarbeiten.

4 Die Sprossen dazugeben und gleichmäßig im Teig verkneten. Den Teig zu einer Kugel formen, mit Dinkelmehl bestreuen und zugedeckt gehen lassen.

5 Den aufgegangenen Teig in eine große, gefettete Kastenform geben und nochmals 15 Minuten gehen lassen.

6 Währenddessen den Backofen auf 200 °C (Gas, Stufe 3–4) vorheizen.

7 Den Teig einige Male schräg einritzen, mit einer Tasse lauwarmem Wasser auf die unterste Schiene des Backofens stellen und das Dinkelbrot 50 bis 60 Minuten backen.

Für 1 Kastenbrot

- 500 g Dinkel
- 40 g Hefe
- 250 ml lauwarme Milch
- 2 EL Sonnenblumenöl
- 2 EL Sojalezithin, flüssig
- 1/2 TL gemahlener Kümmel
- 1/2 TL gemahlener Koriander
- 2 Tassen Weizen- oder Gerstensprossen
- Fein geschroteter Dinkel zum Bestäuben
- Öl für die Form

■ *Zubereitungszeit: 10 Minuten*
Aufgehzeit: 45 Minuten
Backzeit: 60 Minuten

Info Kümmel und Koriander sind eine beliebte Würzmischung für Brot, denn sie schmecken nicht nur gut, sondern helfen auch einzeln oder miteinander kombiniert ausgezeichnet bei Verdauungsbeschwerden, die nicht selten vor allem nach dem Verzehr von sehr frischem Brot auftreten. Die Korianderkörner schmecken aber auch zu Kohl und Hülsenfrüchten, in Gemüsegerichten, zu eingelegter Roter Bete, Kürbis sowie Gurken und sind außerdem ein wichtiger Bestandteil in der indischen Currymischung. Kümmel wiederum ist unentbehrlich im Sauerkraut und schmeckt auch zu Bratkartoffeln oder in Salaten. Allerdings darf man ihn nur sparsam verwenden, denn sein starker Eigengeschmack übertönt schnell alle anderen Gewürze. Kümmel wächst bei uns auf Wiesen, sollte aber wegen der Gefahr einer Verwechslung mit ähnlichen Pflanzen nicht selbst gepflückt werden.

Für 1 Brotlaib

Sauerteigansatz:
- 700 g Roggen
- 2 EL Grundansatz oder Sauerteig
- 1¹/₂ TL Sekowa-Backferment (Reformhaus, Naturkostladen)

Hauptteig:
- 700 g Roggen
- 2 TL Meersalz
- 2 Tassen Reissprossen, halb gegart

■ *Zubereitungszeit/ Sauerteigansatz: 10 Minuten, 12 Stunden reifen lassen Zubereitungszeit/Brotteig: 10 Minuten Aufgehzeit: 3 Stunden Backzeit: 90–120 Minuten*

Fermentiertes Roggen-Reis-Brot

1 Für den Sauerteigansatz den Roggen mittelgrob schroten.

2 Den Grundansatz (oder Sauerteig vom letzten Backen) in eine große Schüssel geben, mit dem Backferment und etwas Wasser klumpenfrei auflösen.

3 Den Roggenschrot und ca. 700 Milliliter Wasser zufügen.

4 Das Ganze gut verrühren, zunächst mit einem angewärmten, feuchten Tuch, dann mit Plastikfolie abdecken und bei Zimmertemperatur von etwa 20 °C 12 Stunden gären lassen. (Ob der Gärvorgang gelungen ist, zeigt sich, wenn man die Haut des Teiges zur Seite schiebt und Bläschen sichtbar werden.)

5 Für den Hauptteig den Roggen fein mahlen. Das Salz in 350 Milliliter Wasser auflösen.

6 Roggenmehl, Salzwasser und die vorgegarten Reissprossen zum Vorteig geben und sorgfältig durchkneten.

7 Den Teig auf einer bemehlten Fläche zu einer Kugel formen, zudecken und weitere 2 Stunden säuern lassen.

8 Danach den Brotteig noch einmal kräftig durchkneten, in einen gewässerten, geölten Römertopf geben, die Oberseite einige Male schräg einritzen, zudecken und nochmals 60 Minuten gehen lassen.

9 Im Backofen auf der vorletzten Schiene bei 200 °C (Gas, Stufe 3–4) 90 bis 120 Minuten backen (nach 90 Minuten mit einem Holzstäbchen die Garprobe machen).

10 Das fertige Brot auf einem Gitter auskühlen lassen. (Nicht stürzen, da sonst die Krume leicht bricht.)

Tipp Im Römertopf aufbewahrt, bleibt das Brot lange frisch.

Hinweis Das Backfermentbrot zeichnet sich neben dem kräftigen Sauerteiggeschmack noch durch wesentlich leichtere Verdaulichkeit aus. Durch das Fermentieren wird dem Organismus bereits ein Verdauungsvorgang abgenommen, da die Eiweiße in größere Bruchstücke, die so genannten Peptide aufgespalten wurden.

Kräftiger Pumpernickel

1 Den Weizen fein mahlen, in eine Schüssel geben und eine Mulde hineindrücken.

2 Melasse und zerbröckelte Hefe zufügen, 150 Milliliter lauwarmes Wasser zugießen und zu einem Brei verrühren.

3 Die Schüssel zudecken und den Teig an einem warmen Ort 45 Minuten gehen lassen.

4 Den Roggen mittelgrob schroten und in eine große Schüssel geben. Das Salz in 400 Milliliter heißem Wasser auflösen, darüber gießen und den Roggen während der Aufgehzeit des Vorteiges ausquellen lassen.

5 Den Vorteig zu dem gequollenen Roggenschrot geben, Sauerteig, Lezithin und Brotgewürz zufügen und alles kräftig verkneten.

6 Die Sprossen unterrühren, nach Bedarf noch etwas Mehl zufügen und den Teig auf einer bemehlten Fläche zu einer Kugel formen. Mit einem angewärmten Tuch zudecken und 40 Minuten ruhen lassen.

7 Eine Kastenform mit Lezithin oder Öl bepinseln, den Teig hineingeben und zugedeckt 30 Minuten aufgehen lassen.

8 Eine Untertasse mit Wasser auf den Boden des Backofens stellen, den Backofen auf 250 °C (Gas, Stufe 6) vorheizen und das Brot auf der untersten Schiene etwa 60 Minuten backen.

9 Wenn das Brot fertig gebacken ist, die Backofentüre öffnen und das Brot 15 Minuten auskühlen lassen.

10 Den Pumpernickel aus der Form lösen und auf einem Kuchengitter vollkommen auskühlen lassen.

Für 1 Kastenbrot

- 200 g Weizen
- 2 EL Zuckerrohrmelasse
- 1 Würfel Hefe
- 700 g Roggen
- 2 TL Salz
- 2 Päckchen Natursauerteig (Reformhaus, Naturkostladen)
- 2 EL Sojalezithin, flüssig
- 1 TL Brotgewürz
- 1 Tasse Weizensprossen
- 1 Tasse Roggensprossen
- Roggenmehl nach Bedarf
- Lezithin oder Öl für die Form

■ *Zubereitungszeit/Vorteig: 5 Minuten*
Aufgehzeit: 45 Minuten
Zubereitungszeit/Hauptteig: 60 Minuten
Aufgehzeit: 30 Minuten
Backzeit: 60 Minuten

Info Pumpernickelbrot, das seine dunkle Farbe durch die Zugabe von Zuckerrohrmelasse und wegen seines hohen Roggenschrotanteils bekommt, stammt aus Westfalen. Dort wird der Roggenschrot oft nach alter Tradition zuerst 24 Stunden in kaltem Wasser gesäuert. Dann knetet man den Teig mit den anderen Zutaten kräftig durch, und schließlich werden die Brotlaibe im Steinofen bei niedriger Temperatur nicht weniger als 24 Stunden gebacken!

Apfel-Sprossen-Brot

Für 1 Kastenbrot

- 750 g säuerliche Äpfel
- 150 g Honig
- $1/8$ l Apfelsaft
- 250 g Rosinen
- 125 g Haselnüsse, gehackt
- 500 g Weizen oder Dinkel
- $1^1/_2$ Päckchen Backpulver
- 1 EL Kakao
- $1/4$ TL Zimt
- 1 Tasse Gerstensprossen
- 2 EL Quark
- Öl und Semmelbrösel für die Form

■ *Zubereitungszeit/Haupt-teig: 60 Minuten*
Aufgehzeit: 30 Minuten
Backzeit: 60 Minuten

1 Die Äpfel waschen, schälen, achteln, in eine Schüssel geben und mit dem Honig vermischen.
2 Den Apfelsaft erhitzen, die Rosinen und Nüsse zufügen und zum Auskühlen zur Seite stellen.
3 Inzwischen den Weizen oder Dinkel fein mahlen und in eine Schüssel geben. Backpulver, Kakao sowie Zimt zufügen und alles gut vermischen.
4 Die Apfel-Honig-Mischung, die gequollenen Rosinen und Nüsse, Sprossen sowie Quark zugeben und alles zu einem geschmeidigen Teig verarbeiten. (Falls nötig, etwas Wasser zugießen, da die Äpfel je nach Jahreszeit und Sorte nicht gleich saftig sind.)
5 Eine Kastenform mit Öl bepinseln und mit Semmelbröseln ausstreuen.
6 Den Teig einfüllen und das Apfel-Sprossen-Brot bei 180 °C (Gas, Stufe 2–3) 90 Minuten backen.

Auch in süßen Gerichten machen sich Keime und Sprossen gut. Die süßlich schmeckenden Gersten-sprossen runden bei dem Apfel-Sprossen-Brot das Aroma von Nüssen, Äpfeln und Honig verzüglich ab.

Brotaufstriche mit Sprossen

Als Brotbelag muss es nicht immer Marmelade sein. Hier ist Phantasie gefragt, um mit dem, was gerade vorhanden ist, einen abwechslungsreichen Brotaufstrich zu kreieren!

Aufstrich mit Linsenkeimlingen

1 Die Linsen in der Gemüsebrühe kurz aufwallen lassen und in einen Mixbecher geben.

2 Die Knoblauchzehe abziehen. Hefepaste, Knoblauch, Pfeffer, Majoran und Öl zufügen und alles fein oder grob pürieren.

3 Die Rettichsprossen klein hacken, zufügen und verrühren.

4 Die Masse zu Kugeln formen und in den gehackten Nüssen wälzen.

5 Vor dem Servieren 20 Minuten in den Kühlschrank stellen.

Variante Statt der Linsen eigenen sich auch gekeimte Erbsen, Sojabohnen, Kichererbsen, Reis oder gekeimtes Getreide. Die Hülsenfrüchte müssen jedoch kurz blanchiert werden. Den Brotaufstrich kann man auch beliebig mit klein gehackten Sprossen, Wild- oder Gartenkräutern und Nüssen variieren.

Für 4 Personen

- 250 g gekeimte Linsen
- $1/4$ l Gemüsebrühe
- 1 Knoblauchzehe
- 1 EL Vitam-R (Hefepaste)
- $1/2$ TL Pfeffer
- 1 EL Majoran
- 2 EL Kräuter-Olivenöl
- 2 EL Rettichsprossen
- 5 EL gehackte Nüsse

■ *Zubereitungszeit: 15 Minuten*

Kürbiskornsprossen-Aufstrich

Die Kürbiskornsprossen mit der Gemüsebrühe, den Hefeflocken, Pfeffer und Öl in einen Mixbecher geben und fein pürieren.

Variante Statt der Kürbiskernsprossen können Sie auch gekeimte Sonnenblumenkerne, Mandeln oder eine Kerne-Nuss-Mischung verwenden.

Tipp Mit Honig vermischt ergeben die gekeimten Kerne und Nüsse einen gesunden, wohlschmeckenden Brotaufstrich, der zur Abwechslung auch mit Kakao verfeinert werden kann.

Für 4 Personen

- 2 Tassen Kürbiskornsprossen
- 1 TL Gemüsebrühe, gekörnt
- 2 EL Hefeflocken
- $1/2$ TL Pfeffer
- 2 EL Kräuter-Knoblauchöl

■ *Zubereitungszeit: 10 Minuten Keimzeit: 3 Tage*

Sprossen-Kräuterbutter

Für 4 Personen

- 2 EL Senfsprossen
- 2 EL Rettichsprossen
- 2 EL Zwiebelsprossen
- 2 EL gehackter Liebstöckel
- 250 g Butter
- 1 TL Kräutersalz

■ *Zubereitungszeit.*
10 Minuten
Keimzeit: 2–3 Tage

1 Die Sprossen klein hacken und mit dem gehackten Liebstöckel vermischen.
2 Die Butter klein schneiden, Kräutersalz zufügen und mit dem Handrührgerät schaumig schlagen.
3 Die Sprossen und Kräuter zufügen und verrühren.

4 Die Sprossen-Kräuterbutter in ein Butterfässchen geben oder in Alufolie einrollen und kühlen.
5 In Scheiben geschnitten eignet sich die Sprossen-Kräuterbutter auch gut für Bratlinge, Reis- oder Getreidegerichte.

Variante Noch nährstoffreicher wird dieser Brotaufstrich, wenn man im Frühjahr die ersten Brennnesselspitzen zusammen mit einigen Bärlauchblättern klein hackt und ihm zufügt. Brennnessel und Bärlauch wirken blutreinigend.

Eine scharfe und würzige Angelegenheit – die Sprossen-Kräuterbutter. Wer sie probiert hat, wird sie immer wieder gerne zu Steaks oder über knackiges Gemüse reichen.

Nachspeisen und Desserts

Desserts mit Sprossen? Und ob! Mit den folgenden Rezepten werden Sie sich und Ihre Familie sicher angenehm überraschen!

Süße Sprossenlasagne

1 Die Sprossen und Haferkeime durch den Fleischwolf drehen. Die Masse mit Öl und Lezithin verkneten und so viel Weizenschrot zufügen, dass sich der Teig gut formen lässt.

2 Den Teig in 3 Teile schneiden, in Frischhaltefolie einwickeln und 30 Minuten im Kühlschrank ruhen lassen.

3 Die Äpfel waschen, schälen, das Kerngehäuse entfernen und das Fruchtfleisch in kleine Würfel schneiden.

4 Die Rosinen waschen und in ¼ Liter heißem Wasser kurz ziehen lassen. Die Bananen schälen und in Scheiben schneiden.

5 Den Teig auf einer bemehlten Fläche zu Rechtecken von etwa 20 × 10 Zentimetern ausrollen.

6 In einer Pfanne die Rosinen mit dem Wasser zum Kochen bringen und die Teigplatten einzeln bei geringer Hitze jeweils 3 Minuten darin garen.

7 Eine Auflaufform mit flüssiger Butter auspinseln, eine Teigplatte hineinlegen, ⅓ des Mascarpone in Flöckchen darauf verteilen. Äpfel und Rosinen darauf legen. Mit der zweiten und dritten Platte ebenso verfahren.

8 Die letzte Schicht mit Sahne begießen und die Pinienkerne darauf streuen. Die Form in den Backofen schieben (mittlere Schiene) und die Sprossenlasagne bei 225 °C (Umluft, 200 °C; Gas, Stufe 5) 30 bis 40 Minuten backen. Mit Puderzucker bestreut servieren.

Variante Für die süße Lasagne eignet sich jede Obstsorte. Wem Mascarpone zu gehaltvoll ist, der ersetzt ihn durch Quark.

Info Mascarpone wird der feine italienische Frischkäse genannt, der in keinem Tiramisu fehlen darf und mit seinem hohen Fettgehalt eine wahre Kalorienbombe ist.

Für 4 Personen

- 2 Tassen Weizen- oder Gerstensprossen
- 2 Tassen Haferkeime
- 2 EL Olivenöl
- 1 EL Sojalezithin, flüssig
- Fein geschroteter Weizen
- 3 säuerliche Äpfel
- 50 g Rosinen
- 2 Bananen
- Butter für die Form
- 500 g Mascarpone
- 100 g Sahne
- 2 EL Pinienkerne
- Puderzucker zum Bestreuen

■ *Zubereitungszeit: 15 Minuten*

Für 4 Personen

- 250 g Tofu
- 3 EL Honig
- 1/2 TL Bourbonvanille
- 1 Tasse gekeimte Sonnenblumenkerne
- 1 reife Mango

■ *Zubereitungszeit:*
10 Minuten
Kühlzeit: 20 Minuten

Tofu-Honig-Kugeln im Nussmantel

1 Tofu mit Honig und Bourbonvanille fein pürieren. Die Sonnenblumenkerne klein hacken und in eine Schüssel geben.

2 Jeweils 6 bis 8 Portionen mit einem feuchten Löffel von der Tofu-Honig-Masse abstechen und in die gehackten Kerne fallen lassen.

3 Die Schüssel jeweils einige Male im Kreis schwenken, damit die Portionen gleichmäßig mit den gehackten Kernen bedeckt werden und sich zu Kugeln formen.

4 Die Mango schälen, den Kern entfernen und das Fruchtfleisch in Streifen schneiden.

5 Jeweils zwei Mangostücke auf einen Teller legen und mit einigen Tofu-Honig-Kugeln verzieren.

Heidelbeerquark mit Hafersprossen

1 Die Heidelbeeren waschen und einige Beeren zum Verzieren aufheben. Die übrigen Beeren mit dem Ahornsirup und den Hafersprossen in einen Mixbecher geben und mittelgrob pürieren.

2 Den Quark in eine Schüssel geben. Das Fruchtpüree darüber gießen und mit einer Gabel Quark und Fruchtmus marmorieren, d. h., so vermischen, dass noch weiße Streifen des Quarks sichtbar bleiben.

3 Den Heidelbeerquark in Schälchen verteilen und mit den zurückbehaltenen Heidelbeeren verziert servieren.

Tipp Damit Sie den richtigen Durchblick haben, essen Sie doch öfter mal Waldheidelbeeren. Viele Studien belegen, dass Heidelbeeren die Sehkraft verbessern und Nachtblindheit vermindern. Deshalb aßen früher die Flugkapitäne vor einem Nachtflug meist Heidelbeermarmelade. Heute greift man lieber zu Dragees, die aus Waldheidelbeeren hergestellt werden. Dabei kann diese Medizin so gut schmecken, wie dieses Rezept zeigt. Und die Hafersprossen tun noch ein Übriges für die Gesundheit!

Für 4 Personen

- 250 g Waldheidelbeeren
- 3 EL Ahornsirup
- 1 Tasse Hafersprossen
- 250 g Quark (20%)

■ *Zubereitungszeit:*
10 Minuten

Avocado-Mandel-Mousse

1 Die Mandelsprossen in einen Mixbecher geben und zu einer pasteartigen Masse pürieren.

2 Die Avocado schälen, den Kern entfernen und das Fruchtfleisch mit dem Zitronensaft zu den Mandelsprossen geben und alles fein pürieren.

3 Den Schichtkäse in einer Schüssel mit dem Ahornsirup verrühren. Die Sahne mit dem Vanillezucker steif schlagen.

4 Das Mandel-Avocado-Mus, den Schichtkäse und die Sahne vorsichtig verrühren.

5 Die Masse 2 Stunden im Kühlschrank fest werden lassen.

6 4 flache Teller (optisch interessant sind dunkle Teller) mit Puderzucker einstäuben. Mit einem Esslöffel Nocken abstechen und jeweils 3 Stück in die Mitte eines Tellers platzieren. Mit Minzezweigen verzieren.

Für 4 Personen

- 1 Tasse Mandelsprossen
- 1 reife Avocado
- 2 EL Zitronensaft
- 150 g abgetropfter Schichtkäse
- 3 EL Ahornsirup
- 100 g Sahne
- 1 Päckchen Vanillezucker
- Puderzucker zum Bestreuen
- 8 Minzezweige zum Garnieren

■ *Zubereitungszeit: 15 Minuten*
Kühlzeit: 2 Stunden

Waldmeistergelee mit Mandelsauce

1 Den Apfelsaft in einem kleinen Topf zum Kochen bringen.

2 Das Agar-Agar mit 2 Esslöffeln Wasser anrühren, in die Flüssigkeit geben und 1 Minute kochen lassen.

3 Den Waldmeistersirup zufügen und gut verrühren. Die Flüssigkeit in kleine Schälchen oder Teetassen füllen und zum Erstarren 20 Minuten in den Kühlschrank stellen.

4 Inzwischen für die Sauce die Mandelsprossen mit dem Honig und der Sahne fein pürieren.

5 Das Gelee auf kleine Teller stürzen. Je 1 Esslöffel Mandelsauce darüber gießen und mit den Waldmeister- oder Minzezweiglein verzieren.

Für 4 Personen

- 1/2 l Apfelsaft
- 1 gehäufter TL Agar-Agar
- 2 EL Waldmeistersirup
- Waldmeister- oder Minzezweiglein zum Verzieren

Mandelsauce:
- 1 Tasse Mandelsprossen
- 1 EL Honig
- 2 EL Sahne

■ *Zubereitungszeit: 10 Minuten*
Kühlzeit: 20 Minuten

Tipp So werden Mandelsprossen gezogen: Gut 1/2 Tasse Mandeln in einem Glas bis zu 20 Stunden einweichen. Danach das Einweichwasser abgießen und die Mandeln 2- bis 3-mal täglich mit lauwarmem Wasser besprühen. Nach 3 bis 4 Tagen kann man die Mandelsprossen mit einem etwa 5 Millimeter langen Keim ernten. Sie eignen sich sehr für Nachspeisen und Drinks.

Für 8 Personen

- 1 Vanilleschote
- 1 l Milch
- 250 g Reissprossen
- 500 g Erdbeeren
- 200 g Heidelbeeren, tiefgekühlt
- 200 g Sahne
- 1 Päckchen Vanillezucker
- 4 EL Ahornsirup
- Schale von 1/2 Zitrone, unbehandelt
- Puderzucker zum Bestäuben

■ *Zubereitungszeit:*
30 Minuten
Auskühlzeit: 20 Minuten

Reisschaum mit Früchten

1 Die Vanilleschote längs halbieren, das Mark mit einem Löffel herauslösen und mit der Milch zum Kochen bringen. Die Reissprossen in die kochende Milch geben und bei kleiner Hitze 15 Minuten garen lassen.
2 Die Erdbeeren waschen und vierteln, die Heidelbeeren auftauen. Die Sahne mit dem Vanillezucker steif schlagen.
3 Den Reis abgießen und mit Ahornsirup und Zitronenschale abschmecken. Mit einem Mixstab fein pürieren und zum Auskühlen in eine flache Schale mit kaltem Wasser stellen.
4 Die Schlagsahne unter die kalte Reismasse heben. Das vorbereitete Obst auf flache Teller verteilen und jeweils in die Mitte mit einem Eisportionierer eine große Kugel Reisschaum setzen. Die Kugeln mit einigen Früchten verzieren und mit Puderzucker bestäuben.

Variante Statt Reis können Sie auch Hafer, Gerste oder Weizen verwenden. Mit gekeimten, gerösteten Sonnenblumen- oder Kürbiskernen bestreut, bekommt das Dessert einen nussigen Touch. Zum Reisschaum passen auch Äpfel, Orangen und Zimt.

Für 4 Personen

- 200 g gekeimte Sonnenblumenkerne
- 4 EL brauner Zucker
- 1 EL Butter
- 4 Bananen

■ *Zubereitungszeit:*
10 Minuten

Bananen im Knuspermantel

1 Die Sonnenblumenkerne klein hacken und in einer beschichteten Pfanne ohne Fett kurz anrösten. Den Zucker zufügen und unter ständigem Rühren karamellisieren lassen.
2 Die Butter in einer zweiten Pfanne erhitzen. Die Bananen schälen und in der heißen Butter auf beiden Seiten goldbraun anbraten.
3 Jeweils eine Banane auf einen Dessertteller legen und mit den karamellisierten Sonnenblumenkernen bestreut servieren.

Tipp Nach Belieben können Sie die Bananen noch mit Schlagsahne oder Carobcreme servieren.

Über den Autor

Klaus Oberbeil ist Medizinjournalist für Gesundheits- und Ernährungsthemen sowie Spezialist für molekularbiologische Sachbereiche. Er ist bekannt aus Fernsehen, Hörfunk und Printmedien.

Literaturnachweis

Bustorf-Hirsch, Maren: Gesund kochen mit Keimen und Sprossen. Falken TB. München 1997

Klingel, Brigitta: Vegan-Küche. Südwest Verlag. München 1996

Münzin-Ruef, Ingeborg: Kursbuch gesunde Ernährung. Zabert und Sandmann. München 1995

Muska, Arlene: Classics & Creatives. Sawan Kirpal Publication. Virginia 1985

Nöcker, Rosemarie: Körner und Keime. Heyne-Verlag. München 1983

Roßmeier, Armin: Das große Buch der leichten Küche. Südwest Verlag. München 1998

Bezugsquelle

Die angegebenen Produkte können bezogen werden bei:
Vegi-Versand 2000, Diffenestr. 10a-c, 68169 Mannheim
Bei Fragen wählen Sie: 06 21/7 62 88 32 Fax: 06 21/74 59 86

Hinweis

Das vorliegende Buch ist sorgfältig erarbeitet worden. Dennoch erfolgen alle Angaben ohne Gewähr. Weder Autor noch Verlag können für eventuelle Nachteile oder Schäden, die aus den im Buch gemachten praktischen Hinweisen resultieren, eine Haftung übernehmen.

Bildnachweis

Albrecht Dirk, Meinerzhagen: 1, 11, 12, 19, 21, 22, 26, 27, 28, 31, 32, 34, 36, 38, 44, 49, 53, 58, 64, 70, 77, 81, 88, 90; Das Fotoarchiv, Essen: U4 (Bernd Euler); Mauritius, Mittenwald: 4 (Chrile), 6 (Kuchlbauer), 8 (Witzgall); Rees Peter, Köln: U1

Impressum

© 1998 Südwest Verlag GmbH in der Verlagshaus Goethestraße GmbH & Co. KG, München
Alle Rechte vorbehalten
Nachdruck – auch auszugsweise – nur mit Genehmigung des Verlags.

Redaktion:
Christine Pfützner
Rezeptentwicklung:
Brigitta Klingel
Projektleitung:
Stephanie Wenzel
Bildredaktion:
Sabine Kestler
Produktion:
Manfred Metzger
Umschlag:
Heinz Kraxenberger, München
DTP:
satz&repro Heinrich Grieb, München
Druck:
Color-Offset, München
Bindung:
R. Oldenbourg, München
Printed in Germany

Gedruckt auf chlor- und säurearmem Papier

ISBN 3-517-07608-2

Sachregister

Rezepteregister